大数据时代下的
文化馆服务与管理

秦绪芳 / 著

辽宁人民出版社

图书在版编目（CIP）数据

大数据时代下的文化馆服务与管理 / 秦绪芳著．

沈阳：辽宁人民出版社，2024．12. -- ISBN 978-7-205-11392-6

Ⅰ．G249.23

中国国家版本馆 CIP 数据核字第 2024JS3140 号

出版发行：辽宁人民出版社

　　　　　地址：沈阳市和平区十一纬路 25 号　邮编：110003

　　　　　电话：024-23284191（发行部）　024-23284304（办公室）

　　　　　http：//www.lnpph.com.cn

印　　刷：天津光之彩印刷有限公司

幅面尺寸：165mm×235mm

印　　张：10.75

字　　数：105 千字

出版时间：2024 年 12 月第 1 版

印刷时间：2024 年 12 月第 1 次印刷

责任编辑：孙姽娇

装帧设计：一诺设计

责任校对：吴艳杰

书　　号：ISBN 978-7-205-11392-6

定　　价：56.00 元

前　言

大数据，这个在当代科技飞速发展的背景下被频繁提及的词汇，它所指代的是那些在规模、多样性、处理速度上都有着极其显著特点的数据集合。这些数据集合，既包括了从各种渠道收集而来的庞大数据量，也涵盖了结构化和非结构化等多种类型的数据。它们在为人们带来便利的同时，也因其价值密度相对较低而给数据的挖掘和利用带来了挑战。大数据的处理速度之快，更是对我们的信息处理能力提出了极高的要求。

在当今信息化、数字化时代，互联网、物联网、云计算等先进技术的不断演进和普及，使得大数据的应用范围日益广泛，已经深入到社会生活的方方面面。文化馆作为传播文化、服务公众的重要平台，也未能例外。大数据的应用正在文化馆的服务提供和管理工作中发挥着越来越重要的作用。

在文化馆服务方面，大数据的应用使得服务更加精准化和个性化。过去，文化馆在提供服务时，多依赖于工作人员主观判断和经验，这种方式往往难以满足不同公众的个性化需求。而现在，通过大数据分析，可以详细地了解服务对象的需求偏好、活动参与情况等，从而精确推送符合他们兴趣和需求的服务项目。例如，可以根据观众对不同展览的访问频率和持续时间，推断出他们对这些展览内容的热情程度，并据此调整展览内容和形式，使之更加贴近观众。大数据还能提供个性化的服务体验。借助物联网技术，文化馆可以收集到关于观众行为的丰富数据，如观众的移动路径、停留区域、互动频率等。通过分析这些数据，可以设计出更加符合观众习惯和喜好的服务流程和活动安排，提升观众的参观体验。例如，在数字展览中，可以根据观众对展品的选择和互动情况，动态调整展示内容，使展览更加生动有趣。

在文化馆的管理层面，大数据的应用同样效果显著。借助大数据分析，文化馆的管理者能够更加高效地掌握馆内各项活动的实时数据，如参观人数、活动参与度、资源使用情况等。这些数据不仅可以反映文化馆的运营状况，还能揭示潜在的问题和改进空间。通过深入分析这些数据，管理者能够制定出更具针对性的管理策略，提高管理效率。优化资源配置是大数据在文化馆管理中的另一个重要作用。通过数据分析，管理者能够清晰地了解哪些资源被频繁使用，哪些资源长期闲置。这为资源的有效分配提供了依据，使资源能够被更加合理和高效地分配到最需要它们的领域。例如，在设施布局上，可以根据使用数据来调整服务设施的位置和数量，使之更加便利和满足需求。大数据的应用还能够显著提升文化馆的服务质量。通过收集和分析服务反馈数据，如观众满意度调查、社交媒体上的评论等，管理者能够及时了解服务中的不足，并据此进行改进。这种基于数据的持续改进循环，能够确保文化馆的服务始终保持在高标准之上。

大数据时代下的文化馆服务与管理是一个具有重要现实意义和理论价值的研究课题。本书将通过深入调查和分析，挖掘数据背后的规律和趋势，为文化馆的可持续发展提供有力支持。

目　录

第一章　大数据时代的背景与意义

一、大数据的定义与特点

（一）大数据的定义

大数据，一个在当代信息技术领域被广泛讨论和研究的概念，是一种规模巨大、种类繁多的数据集合。这些数据集合的数量和复杂性已经超出了传统数据处理工具和方法的处理能力，它们需要借助更为先进的技术手段进行处理和管理。大数据的概念并不局限于某一种特定的数据类型，而是包含了多种多样的数据形式，这使得大数据的研究和应用具有极高的广泛性和深远的影响。大数据包含了结构化数据，这类数据通常以表格的形式存在于数据库中，其特点是数据格式固定，容易进行计算机处理和分析。例如，企业中的客户信息、数据等，都是结构化数据的典型代表。这些数据在商业决策、社会管理等领域发挥着重要作用，它们可以帮助了解市场趋势，预测未来变化，从而做出更为合理的决策。大数据还包括了半结构化数据，这类数据介于结构化数据和非结构化数据之间，它们通常没有固定的数据格式，但具有一定的组织结构。常见的半结构化数据包括日志文件、XML 文件等。这些数据在网络监控、系统管理等方面具有重要价值。通过对半结构化数据的分析和处理，可以了解系统的运行状况，发现潜在的问题和风险，从而保证系统的稳定运行。此外，大数据还包括了非结构化数据，这类数据没有固定的格式，也没有明确的组织结构，主要包括文本、图像、音频、视频等数据形式。这类数据在社交媒体、网络论坛、电子商务等领域广泛存在，它们反映了人们的生活习惯、兴趣爱好、思想观念等内容。通过对非结构化数据的挖掘和分析，可以了解到人们的需求和偏好，预测社会的变化趋势，从而为政府和企业提供决策依据。

（二）大数据特点

对于大数据的特点，可以从以下四个方面进行详细解读。第一，大数据最显著的特点就是其处理的数据量非常庞大。在当今社会，数据的增长速度可以用"爆发式"来形容，各种平台和系统每天都在产生着海量的数据。这些数据量往往是以 PB（拍字节）或 EB（艾字节）为单位进行计量的，这样的数据量已经远远超过了传统数据处理工具的能力范围。例如，一个大型企业可能拥有数拍字节的数据，而一个互联网公司则可能拥有数十拍字节甚至更多。这种庞大的数据量，使得需要借助分布式存储和处理技术才能进行有效处理。分布式存储和处理技术可以将数据分散存储在多个服务器上，通过并行处理的方式提高数据处理的效率。第二，大数据的生成速度非常快。这是由现代技术的迅猛发展以及互联网、物联网和社交媒体等新兴行业的兴起所引起的，每一秒都有大量的数据以惊人的速度被产生出来，这些数据包括用户的浏览记录、社交媒体的评论和图片上传等。据估计，全球互联网上的数据量每两年就会翻一番，这种高速的数据生成使得需要有能力及时处理和分析这些数据，以发现其中的价值。只有这样，才能充分利用这些数据，为生活和工作带来便利。第三，大数据的多样性高。大数据涵盖了多种类型的数据，包括结构化数据、半结构化数据和非结构化数据。结构化数据是指具有固定格式和特定字段的数据，如关系型数据库中的表格数据。这种数据结构清晰，容易进行处理和分析。半结构化数据则是具有部分结构化的数据，如日志文件和 XML 文件等。这种数据结构不固定，需要进行预处理才能进行分析。非结构化数据则是没有固定的格式和规则的数据，如文本、图像和音频文件等。这种数据没有固定的结构，处理起来较为复杂。大数据包含了这么多不同类型的数据，使得数据处理变得更加复杂和困难。第四，大数据的价值潜力大。大数据中包含了丰富的信息和知识，其中蕴含着巨大的价值潜力。通过对大数据的分析和挖掘，人们可以发现其中的规律、趋势和关联性，从而做出更加明智的决策。例如，在商业领域，大数据的应用可以用于市场营销、产品推荐和客户关系管理等，帮助企业提高效益。在社会领域，大数据的应用可以用于舆情监测、疾病预测和城市规划等，为社会的发展提供支持。大数据的价值潜力非常大，可以为人们带来更多的机会和发展空间。

（三）大数据应用场景

大数据的应用场景非常广泛，涵盖了各个领域，包括市场营销和客户关系管理、物流和供应链管理、金融风控和反欺诈、医疗健康和疾病预测以及城市规划和智慧城市。在市场营销和客户关系管理领域，大数据可以帮助企业更好地了解和洞察客户需求，从而开展精准营销活动。通过对大数据的分析，企业可以获取客户的行为轨迹、购买偏好和兴趣爱好等信息，从而进行个性化的产品推荐和定制化的服务。这有助于提高企业的市场竞争力，并增加销售额。此外，大数据还可以帮助企业进行客户细分和客户价值评估，从而提高客户满意度和忠诚度。在物流和供应链管理方面，大数据可以帮助企业优化物流和供应链管理，提高效率和降低成本。通过对大数据的分析，企业可以实时监控物流运输情况、预测供应链风险、优化仓储和配送等环节。这有助于提高物流的运作效率，降低系统的漏洞和错误，从而提供更好的物流服务，并降低企业的运营成本。在金融风控和反欺诈方面，大数据可以帮助金融机构进行风险评估和反欺诈分析，减少金融风险和防止欺诈行为。通过对大数据的分析，金融机构可以了解客户的信用状况、交易行为和风险偏好等信息，从而进行风险评估和决策制定。这有助于预测可能存在的风险，采取相应的措施进行防范，并提供更安全的金融服务。此外，大数据还可以帮助金融机构发现异常交易和欺诈行为，提高反欺诈能力。在医疗健康和疾病预测方面，大数据可以帮助医疗行业进行疾病预测和个性化治疗。通过对大数据的分析，医疗机构可以获取患者的病历、病情和治疗效果等信息，从而进行疾病预测和风险评估。这有助于提前发现疾病的迹象，并采取相应的预防措施。此外，大数据还可以帮助医疗机构进行药物研发和临床试验，加速新药上市和治疗方法的改进，提高医疗保健的质量和效率。在城市规划和智慧城市方面，大数据可以帮助城市进行规划和建设，提高城市的发展和管理水平。通过对大数据的分析，城市可以了解居民的出行习惯、消费行为和生活需求等信息，从而进行城市规划和公共服务的优化。这有助于提供更好的公共服务和城市设施，提高居民的生活质量。此外，大数据还可以帮助城市进行交通预测和拥堵疏导，提高交通效率和减少交通事故的发生，从而改善交通状况。

二、大数据在文化馆服务与管理中的应用

在文化馆服务与管理中，大数据的应用正变得越来越广泛和深入。大数据作为一种重要的资源，不仅可以为文化馆提供更高效、更智能的服务，还能优化管理流程，为决策提供有力支持。

（一）大数据在文化馆服务中的应用

在当今信息化时代，大数据作为一种具有强大生命力和广泛应用前景的技术，已经渗透到了社会的方方面面。在文化馆服务领域，大数据的应用也在日益深入，成为提升服务质量和效率的重要手段。大数据在文化馆服务中能够有效帮助文化馆更好地了解用户。在文化馆的日常运营中，会产生大量的用户数据，如用户的访问记录、活动参与情况、咨询服务等。通过对这些数据进行深入挖掘和分析，文化馆可以准确把握用户的兴趣点和需求，从而为他们提供更加精准、个性化的服务。例如，通过对用户访问记录的分析，文化馆可以了解到哪些展区、活动或服务最受欢迎，哪些相对冷门。据此，文化馆可以对受欢迎的项目进行重点推广，对冷门项目进行调整和改进，以提高用户的整体满意度。同时，大数据还能揭示不同用户群体的特征和需求，使得文化馆能够有针对性地开展服务，如为年轻人举办更具时尚元素的活动，为老年人提供更加注重舒适和便利的服务。

大数据在文化馆服务中的应用还能帮助文化馆评估服务的质量和效果。通过对用户的参与度、满意度等数据的收集和分析，文化馆可以实时了解服务的受欢迎程度，发现存在的问题和不足，从而有针对性地进行改进。例如，如果发现某个活动的参与度不高，文化馆要分析原因，是活动内容不够吸引人，还是宣传力度不够，进而采取相应的措施。大数据还能帮助文化馆预测未来的服务需求，实现资源的合理配置。通过对历史数据的挖掘和分析，文化馆可以预测出在不同时间段、不同季节，用户对服务的需求量，从而提前做好人员、物资、场地等方面的安排，提高服务的效率和质量。例如，在节假日或特殊纪念日，文化馆可以提前准备好丰富的文化活动和展品，以满足游客的需求。在营销策略方面，大数据的应用可以帮助文化馆更加精准地把握市场动态和用户需求。通过对用户浏览、搜索、购买等行为数据的分析，文化馆可以了解到用户对不同类型文化产品的偏好，从而制定更加精准的营销策略，提高文化产品的销售量和知名度。例如，通过对用户购买数据的分析，文化馆可以了解到哪些文化产品最受欢迎，进而加大生产和推广力度。此外，大数据在文化馆服务中的应用还可以帮助提高场馆的利用率。通过对场馆使用数据的收集和分析，文化馆可以了解到哪个时间段、哪片区域的场馆使用率较高，哪个时间段、哪片区域的场馆使用率较低，从而合理规划场馆的使用时间，提高场馆的利用率。例如，在场馆使用率较低的时段，文化馆可以举办一些小型的文化活动，吸引用户前来参与，提高场馆的使用率。

（二）大数据在文化馆管理中的应用

在当前信息化社会，大数据作为一种高效的信息处理工具，正日益渗透到社会各个领域，文化馆管理亦不例外。大数据在文化馆管理中的运用，可以说是对传统管理模式的深刻变革，它为文化馆的科学化、精细化管理提供了新的视角和方法。通过对文化馆内部各类数据的深入挖掘和智能分析，管理者不仅能够实时监控文化馆的整体运营状态，而且可以对未来的发展趋势进行预测和规划，从而实现文化馆管理水平的全面提升。财务数据的分析是文化馆管理中不可或缺的一环。通过对财务数据的深度分析，管理者能够详细了解文化馆的财务状况，这包括但不限于文化馆的收入结构、支出构成、资金流动状况等。这种分析有助于管理者发现文化馆财务运行中的问题和不足，例如，是否存在收入来源单一、支出不合理等问题。在此基础上，管理者可以有针对性地制定财务优化方案，比如调整收入结构、优化支出比例、实施成本控制等，以提高文化馆的资金使用效率，确保文化馆的财务健康稳定。人力资源是文化馆运营的核心资源，对人力资源数据进行分析，可以帮助管理者全面了解员工的结构、能力、绩效等情况。例如，通过分析员工的绩效数据，管理者可以识别出表现优秀的员工和需要进一步培训的员工，从而制定出更为科学合理的培训计划。同样，通过对员工潜力进行分析，管理者能够更好地进行人才储备和职业生涯规划，激发员工的潜能，提升整体的工作效率和团队活力。此外，人力资源数据分析还能协助管理者进行薪酬福利的设计，使之更加符合员工的期望，从而提高员工的满意度和忠诚度。物资管理是文化馆运行的基础，涉及文化馆的日常运作和活动开展。运用大数据对物资管理数据进行分析，管理者能够更好地掌握物资的消耗情况和流动轨迹，从而实现物资的科学采购和合理分配。比如，通过分析物资的使用频率和速度，管理者可以预测未来的物资需求，避免过度储备或短缺现象的发生，既节省了存储空间，又减少了资金占用。同时，大数据分析还能够使管理者发现物资管理中的问题，如损耗过高、浪费严重等，进而采取措施进行优化，提升物资管理的效率和效果。在文化馆的设备维护方面，大数据同样发挥着重要作用。通过收集和分析设备的运行数据，管理者可以实时监控设备的状态，预测和防范可能出现的问题，实现设备的预防性维护。这种基于数据的设备维护策略，不仅能够提高维护工作的效率，减少意外停机时间，还能延长设备的使用寿命，降低维修成本。例如，通过监测设备的运行参数，管理者可以及时发现设备性能的异常变化，预测设备故障的可能性和大概时间，这样就可以在设备出现故障之前进行保养维护，避免或减少因设备故障带来的损失。除了上述几个方面，大数据在文化馆其他管理活动中也发挥着越来越重要的作用。例如，文化馆在组织各项文化活动时，通过对参与者的行为数据进行分析，能够更好地了解公众的需求，优化活动策划和实施，提升文化活动的吸引力和影响力。在安全管理方面，大数据技术可以帮助管理者通过分析人流数据、监控视频等，及时发现安全隐患，提升文化馆的安全管理水平。

（三）大数据在文化馆决策中的应用

大数据在文化馆决策中的应用是一项极其重要的工作。通过对大量数据的分析，文化馆可以发现隐藏在数据中的机会和威胁，为决策者提供有效的支持。这些数据可以包括用户行为数据、市场数据以及竞争对手的数据等。通过分析市场数据，文化馆可以了解潜在用户的需求和偏好，从而制定出更加符合市场需求的新项目方案。比如，如果市场调研数据显示观众对某个特定主题的展览兴趣很高，文化馆可以考虑在该领域推出相关的展览项目。而对于一些传统项目，如果市场数据显示需求下降，文化馆可以及时调整策略，开展其他更有吸引力的项目。通过这样的数据分析，文化馆可以更好地满足观众的需求，吸引更多的参观者。大数据分析也可以帮助文化馆评估投资项目的可行性和竞争力。通过对竞争对手数据的分析，文化馆可以了解竞争对手的优势和劣势。这样的了解有助于文化馆制定出更加具有竞争力的投资策略。比如，如果竞争对手在某个领域的展览项目表现出色，文化馆可以借鉴其成功经验，推出更好的展览项目。同时，对竞争对手的分析也可以帮助文化馆避免落入竞争对手的陷阱，制定出更为理智和有效的投资决策。大数据的实时监测也是文化馆决策中的重要环节。通过实时监测数据的变化情况，文化馆能够及时发现潜在的风险和机遇。比如，如果市场上的某个热门题材突然变得不受欢迎，文化馆可以迅速调整策略，减少相关项目的投入。相反，如果某个主题突然受到了大量关注，文化馆可以迅速采取行动，推出相关项目以满足观众需求。通过这样的实时监测和调整，文化馆可以保持灵活性和适应性，确保其在不断变化的市场中保持竞争力。

三、大数据时代对文化馆服务与管理的影响

（一）大数据对文化馆服务的影响之详述

在现今的大数据时代，文化馆所提供的服务正在经历一场翻天覆地的变革。这不仅是一场技术革新，更是一场服务模式的重塑。大数据的应用，使得文化馆能够更深入、更精准地了解和满足用户的需求，提供更加个性化和优质的服务。大数据为文化馆提供了丰富的用户数据。以前，文化馆可能只能依靠有限的调查问卷或口头询问来了解用户的需求和喜好。

而在大数据时代，文化馆可以通过各种方式收集用户的个人信息，如姓名、年龄、职业、联系方式以及他们的访问记录和偏好。通过分析用户的浏览历史、参观频率、停留时间等数据，文化馆可以更准确地了解他们的兴趣和需求。通过深入分析这些数据，文化馆可以提炼出不同用户的特点和需求，进而提供更加个性化、针对性的服务。文化馆可以根据用户的兴趣和偏好，为他们推荐相关的展览或活动，让他们能够更高效地参观与文化馆相关的内容。同时，文化馆还可以根据用户的反馈和评价，及时调整服务策略，提供更加符合他们需求的服务。大数据的应用使得文化馆的服务变得更加高效和便捷。以前可能需要耗费大量人力物力才能了解到的用户需求，现在只需要通过数据分析就可以轻松实现。大数据还可以帮助文化馆预测用户的参观流量，从而合理安排工作人员的调度和资源的配置，避免资源浪费和紧张。除了提高效率，大数据还可以帮助文化馆优化展览的布局和设计，提高用户体验。通过分析用户的参观特点，文化馆可以发现哪些展览区域最受欢迎，哪些区域需要改进。这样，文化馆就可以根据这些反馈，不断优化展览设计，提高用户体验。最后，大数据还为文化馆提供了实时反馈机制，使文化馆能够及时获取用户的反馈和评价，从而更好地了解他们的需求变化。通过这些实时数据，文化馆可以及时调整服务策略，提供更加贴心、高品质的服务。

（二）大数据对文化馆管理的影响

在当今这个信息爆炸的时代，大数据作为一种强有力的工具，已经深入到了社会的各个层面。它对于文化馆管理工作的影响也不例外，正在改变文化馆的管理模式，使得文化馆的管理工作更加科学化、精细化，从而提升了文化馆的整体服务质量。第一，大数据使得文化馆的管理决策过程更加科学化和合理化。在过去，文化馆的管理决策往往依赖于经验或者直觉，这种方法具有一定的主观性和不确定性。然而，随着大数据技术的发展，文化馆可以收集和分析大量的用户数据，如参观时间、参观频率、互动反馈等，这些数据可以为文化馆的管理决策提供客观的依据。通过深入分析这些数据，文化馆可以更准确地了解用户的真实需求和偏好，从而在展览内容的策划、文化产品的更新等方面做出更加精准的决策。这样，不仅能够提高文化馆的吸引力和竞争力，还能够有效提升用户的参观体验。第二，大数据能帮助文化馆预测未来的发展趋势和方向。通过对过往数据的深入挖掘和分析，大数据技术可以揭示出一些潜在的趋势和规律。这些趋势和规律对于文化馆的未来规划具有重要的指导意义。例如，如果大数据分析显示某一部分展览内容特别受欢迎，文化馆就可以在这个方面加大投入，进一步优化和丰富展览内容；反之，如果某一部分展览内容并不受欢迎，文化馆就可以及时调整，避免资源的浪费。第三，大数据在文化馆的资源管理方面也起到了积极的作用。文化馆通常拥有丰富的文化资源，如各类艺术品、文物和展品等，这些资源的管理和保护是一项重要而艰巨的任务。在过去，文化馆的资源管理工作主要依靠人工进行，效率低下且容易出错。然而，借助大数据技术，文化馆可以实现资源管理的数字化、智能化。通过建立资源数据库，对每一件展品进行详细的记录，包括其历史背景、材质、状况等信息，这样不仅可以方便文化馆进行资源的管理和查询，还可以实时监测和掌握资源的使用状况，随时调整保养和修复计划，减少资源的浪费和损失。第四，大数据还可以帮助文化馆进行更好的资源利用规划，以提高资源的使用效率。通过对大数据的分析，文化馆可以了解各类资源的利用情况，如哪些资源使用频率较高，哪些资源尚未得到充分利用等。根据这些信息，文化馆可以制定更加合理的资源利用计划，将使用频率较高的资源进行优化配置；对于尚未得到充分利用的资源，则可以尝试通过各种方式提高其曝光度，如举办特展、开展教育活动等，从而提高其利用效率。

（三）大数据对文化馆决策的影响

大数据在当今社会中扮演着越来越重要的角色，其在各个领域的应用已经引发了广泛关注。在文化馆的决策过程中，大数据同样发挥着重要的作用。通过对大数据的收集、分析和应用，文化馆能够更加准确地制定战略和决策，提高管理水平和运营效率。第一，大数据为文化馆提供了更全面和深入的市场洞察。在当今竞争激烈的文化市场中，了解用户的需求和市场的趋势对于文化馆的决策至关重要。通过对大数据的分析，文化馆不仅可以获取更多的市场信息和用户行为数据，还可以深入挖掘数据背后的趋势和规律，从而更好地把握用户的需求和意愿。这样，文化馆可以根据用户的需求和意愿制定更有针对性的展览计划、推广策略和市场营销方案，提高文化馆的知名度和吸引力。第二，大数据在文化馆的风险评估和预测方面也发挥着重要作用。文化馆在运营过程中面临着各种风险和挑战，如展览的吸引力、市场竞争、资源利用效率等。通过对大数据的分析，文化馆可以识别和评估潜在的风险因素，并采取相应的措施进行应对，如优化展览内容、提高服务质量、加强市场营销等。同时，大数据还可以帮助文化馆预测未来的趋势和变化，为文化馆的决策提供更为准确和可靠的依据。通过对历史数据的分析，文化馆可以预测未来的市场趋势和用户需求变化，从而及时调整战略和决策，保持竞争优势。除了市场洞察和风险评估，大数据在文化馆的其他方面也具有广泛的应用前景。例如，通过对观众参观行为的分析，文化馆可以了解观众的喜好和兴趣，从而制定更为精准的展览策划和推广策略。此外，大数据还可以帮助文化馆优化资源配置，提高资源利用效率。通过对人力资源、场地资源、设备资源等数据的分析，文化馆可以更好地调配资源，实现资源的最大化利用。在实际应用中，文化馆可以通过各种技术和工具来获取和分析大数据。例如，可以使用数据挖掘算法、机器学习技术、人工智能等方法来分析数据，提取有价值的信息。同时，文化馆还可以利用云计算、物联网等技术来存储和管理大数据，提高数据处理效率和准确性。

第二章　文化馆服务概述

一、文化馆的定位与职能

（一）文化馆的定义与背景

文化馆，作为一种特定的文化设施，其存在的主要目的是展示、传承和推广各种文化艺术形式。它是社会文化发展的重要产物，也是现代社会中承载和推动文化发展的重要力量。在当今人们的日常生活中，文化馆已然成为了一个不可或缺的文化场所，为人们提供了一个共享和传播文化的平台，使人们能够近距离地接触和了解各种文化艺术形式。在现代社会中，随着人们对于精神文化需求的日益增长，文化馆在满足这种需求方面起到了至关重要的作用。它们不仅承载着文化的传承与发展，同时也承载着社会的文明与进步。通过建设文化馆，人们可以更好地理解和欣赏各种文化艺术形式，促进文化交流，推动文化创新，同时也有助于保护和传承各种文化遗产。在过去的几十年中，随着人们对于文化的认识和重视程度的提高，文化馆的建设也得到了越来越多的关注和支持。人们开始意识到文化的多样性和丰富性对于一个社会的意义，并开始积极参与到文化的保护和发展中来。面对这种需求，政府和社会各界也开始积极行动，创建更多的文化馆，以满足人们对于文化的多样化需求。这些新建的文化馆不仅提供了展示和保存各种艺术作品和文化遗产的空间，同时也提供了多种服务，如文艺表演、文化交流、学术研究等。这些服务不仅丰富了人们的精神生活，也为艺术家、学者等提供了更多的创作和交流的平台。通过这些活动，文化馆也成为连接过去与现在、传承与创新的重要桥梁。此外，随着科技的发展，文化馆也在不断地进行创新和升级，引入更多的科技元素，如数字化展示、虚拟现实等，使得人们能够更加直观、生动地了解和体验各种文化艺术形式。同时，文化馆也积极开展各种教育活动，如艺术培训、青少年艺术教育等，旨在培养人们的艺术素养和文化意识。

（二）文化馆的职能与目标

文化馆作为一种特殊的文化机构，具有多项职能和目标。文化馆承担着文化传承和保护的责任。文化是一个国家、一个民族的精神财富，是一种独特的文化资源。文化馆通过展览展示、文物保护等手段，向公众传达历史和文化的重要性，引导人们热爱和保护文化遗产，切实做好文化遗产的保护和传承工作。文化馆还起到了文化教育的作用。作为一个文化教育的重要阵地，文化馆通过举办各种文化活动和培训课程，使公众能够更好地了解和学习各种文化形式，并提高他们的文化素养。例如，举办展览、讲座、培训班等，邀请专家学者进行文化讲解和普及知识，让公众深入了解和感受不同文化的魅力，增加对文化的欣赏和理解。此外，文化馆还承担着文化交流与艺术推广的任务。文化馆是一个传递文化信息、展示艺术形式的重要场所，通过展览、演出等形式，向公众展示各种艺术形式和文化成果，促进艺术家和文化创作者之间的交流和合作。通过举办文化交流活动、艺术展览等，文化馆可以打破地域限制，促进国内外的文化交流，推动各国文化的交融与发展，提升本国文化在世界范围内的影响力。文化馆的目标是满足社会公众对于文化的需求，提供优质的文化服务。通过策划各种展览、演出等活动，文化馆旨在激发公众对文化的兴趣和热爱，并推动社会的文化发展。文化馆不仅致力于展示历史文化，还积极关注当下社会的文化创新和发展。它们通过收集和展示新兴的文化形式，鼓励文化创新，推动文化产业的发展。文化馆还积极与各种文化机构、学术研究机构等合作，促进文化交流与合作，进一步丰富和扩大文化馆的影响力。与其他机构的合作，文化馆可以实现资源共享，提高工作效率和服务水平。

同时，文化馆还应积极促进学术界与文化界的交流与合作，为文化发展提供理论和实践的支持。

（三）文化馆的社会作用与价值

文化馆在社会中扮演着重要的角色，凭借其丰富多样的活动，带来了诸多积极的社会作用与价值。首先，文化馆对于社会的文化繁荣和发展起到了积极的推动作用。通过举办各种文艺演出、展览、讲座、工作坊等丰富多彩的活动，文化馆使更多的人有机会接触到艺术和文化，进一步提升了公众的审美素养和文化品位。这些活动为公众提供了一个学习和欣赏文化艺术的平台，激发了公众对文化的兴趣和热爱，同时也推动了文化产业的发展。此外，文化馆还通过举办各种国际、国内的文化交流活动，使国内外的优秀文化得以传播和交流，进一步丰富了我国的文化多样性。文化馆还具有显著的社会教育功能。文化馆通过举办各类文化活动和展览，向公众传递有关历史、人文、科学等方面的知识。同时，文化馆还通过教育课程、讲座等形式提供专业的培训和教育，不仅培养公众的艺术鉴赏能力和文化素养，还注重培养公众的人文精神和社会责任感。这有助于人们更好地理解和尊重传统文化，同时也鼓励公众对创新和新兴文化形式的探索和尝试。文化馆在促进社会和谐方面也起到了积极的推动作用。文化馆为不同年龄、职业、文化背景的人提供了交流与对话的平台。通过举办文化节庆、讲座、研讨会等活动，文化馆使得不同社群之间的了解和交流成为可能，增进了不同社群之间的理解与认同。这为社会提供了一个文化融合与对话的场所，有助于增进社会的和谐与凝聚力。文化馆还具有文化创新和文化产业的推动作用。文化馆通过收集、展示和推广新兴的文化形式和创意，促进了文化创新和发展。同时，文化馆还扶持和推广了众多的文化创作者和艺术家，为他们提供了一个展示和推广作品的平台，推动了文化创意产业的发展。随着文化创意产业的不断壮大，它已经成为全球经济的重要组成部分。除此之外，文化馆还通过与文化机构、学术研究机构合作，促进了文化产品的研发和商业化。这种合作有助于推动文化产业与科技的融合，为社会经济发展注入新的动力。同时，文化馆也积极参与社区建设，为社区居民提供了丰富多彩的文化娱乐活动，增强了社区的凝聚力和活力。

二、文化馆服务的现状与问题

（一）文化馆服务的现状

文化馆作为传承和弘扬本土文化、提供文化艺术教育、促进社会交流的重要场所，在当前社会发展中发挥着不可忽视的作用。文化馆的服务内容十分丰富多样，包括文化展览、文化交流、文化创意、文化教育等方面。目前，我国的文化馆已经取得了一定的进展，在提供丰富多样的文化活动和服务方面赢得了广大群众的欢迎和好评。文化馆通过举办各类文化展览活动，展示了丰富多样的文化艺术品和传统文化遗产，加深了人们对本土文化的了解和认知。这些文化展览不仅能传承和弘扬优秀传统文化，也为当代艺术家提供了展示才华的平台。通过举办绘画、书法、陶瓷等形式的文化展览，文化馆呈现了传统文化的魅力，让人们深入了解中国的传统文化，加深了人们对中华文化的认同感。文化馆还通过举办文化交流活动，促进了不同地区、不同文化背景的人们之间的相互了解和交流。这种跨文化对话有助于促进社会的和谐与稳定。文化交流活动为拥有不同文化背景的人们提供了互相了解的机会，增进了彼此的友谊，打破了文化隔阂，增强了社会的凝聚力和向心力。文化馆开设的各种文化教育课程，为广大市民提供了学习机会和艺术熏陶。通过举办音乐、绘画、舞蹈、戏剧等艺术培训班，文化馆为社会群体提供了提升个人素养和艺术修养的途径。这些课程培养了一大批专业人才，为文化艺术事业的发展注入了新鲜血液。通过参与文化教育课程，人们可以感受到艺术的魅力，获得身心的愉悦与满足，提高个人的综合素质和文化自信心。文化馆还积极推动文化创意产业的发展。通过组织文化创意展览和竞赛，文化馆为创意人才提供了展示和交流的平台，同时也为广大群众带来了丰富多样的创意产品。文化创意产业是一个融合了文化、创意和经济的新兴产业，具有极大的潜力和发展前景。文化馆通过推动文化创意产业的发展，不仅能推动经济的发展，还能丰富人们的生活方式，提高人们的审美水平，增加文化的软实力。

（二）文化馆服务中存在的问题

然而，尽管文化馆的服务取得了许多可喜的成绩，但仍然存在一些问题，这些问题阻碍了文化馆服务的进一步发展。第一，部分文化馆在服务内容和形式上存在着单一化的倾向。一些文化馆只注重展览活动，忽视了其他方面，如交流、教育和创意等。这使得文化馆的服务缺乏多样性和创新性，难以满足群众的多元需求。因此，文化馆应加大创新力度，引入更多元化的服务项目，丰富文化馆的服务内涵。第二，部分文化馆的服务面向的群体较为有限。一些文化馆的服务主要面向特定群体，如学生、专业艺术家或社会精英等，而对于一般市民的服务较少。这导致了文化馆服务的不平等性，有些人无法享受到文化馆的丰富资源。因此，文化馆应该更加注重普惠性，提供符合群众需求的文化服务，让更多的人能够参与其中。第三，一些文化馆在管理和运营方面存在着问题。由于缺乏专业管理人才和经验，一些文化馆的管理体制不够完善，导致资源分配不合理、服务效率低下等问题。这使得文化馆无法充分发挥其潜力，影响了公众对文化馆的满意度。因此，文化馆需要加强管理和提高运营能力，培养更多的专业人才来管理文化馆。同时，加强与相关机构和组织的合作，共享资源和经验，提高文化馆的管理水平。第四，一些文化馆还面临着资金不足的问题。由于文化馆的运营成本较高，往往需要依靠政府或其他机构的资助来维持正常运营。然而，由于文化事业在社会经济中的地位不高，导致对文化馆的投资和资金支持相对有限。这使得一些文化馆面临经费紧张的情况，难以进行更好的服务和发展。为了解决这一问题，文化馆应积极争取更多的资金支持，加大对文化馆的投入和支持力度。同时，可以通过拓展文化馆的经营模式，引入商业化运作，吸引更多的经济资源，提供更好的文化服务。第五，一些文化馆的设施存在着陈旧和老化的问题。随着社会的发展和进步，文化馆的设施也需要不断更新和提升，以适应市民对于文化体验的需求。然而，由于资金和技术等方面的限制，一些文化馆没有及时进行设施的更新和改造。这导致了文化馆的服务水平无法跟上时代的步伐，难以吸引更多的参观者和用户。因此，文化馆应该加大对设施改造和更新的投入，提高文化馆的硬件设施水平，提供更好的服务环境。

（三）文化馆服务的可持续发展问题

在文化馆服务的不断发展过程中，如何实现可持续发展是一个非常重要的问题。可持续发展要求文化馆在提供服务的同时注重生态环境保护、经济效益和社会效益的协调，以实现经济、社会和环境的长期可持续性发展。一是文化馆应该注重生态环境保护。作为保护和传承文化遗产的场所，文化馆有责任对展品和文物进行适当的保存和保护。这意味着文化馆需要采取措施来防止展品的腐蚀和损坏，通过恰当的存储和展示技术来延长文物的寿命。此外，文化馆还应该关注能源的可持续使用，采取降低能源消耗的措施，如使用高效节能的设备和照明系统，减少污染排放，确保文化馆的建设和运营过程中对环境的影响最小化。推动绿色文化馆的建设也是非常关键的，这可以通过使用环保材料、推广可持续的建筑设计和运营理念来实现。二是文化馆应注重经济效益。文化馆应该积极开展文化创意产业，将文化资源转化为经济资源。通过发掘和挖掘文化馆所拥有的独特或具有商业价值的文化资源，为文化馆带来经济收益。这包括利用展览、教育项目、文创产品等方式，将文化馆打造成为一个能够吸引游客和观众的文化旅游目的地。此外，文化馆还可以通过制定合理的票价策略、发展票务销售和赞助活动等方式来增加经济收入，提高财务自给能力。通过有效地利用文化资源，文化馆可以实现自身经济的可持续发展，并为社会经济的发展做出贡献。三是文化馆应注重社会效益。文化馆的服务应该以满足群众需求、提升社会文化素质为目标，促进社会和谐与进步。文化馆应该主动参与社区文化建设，与学校、企业和社会组织加强合作，提供更多的文化活动和服务。通过举办讲座、展览、工作坊、演出等多种形式的活动，文化馆可以满足不同群体的文化需求，并培养公众对文化艺术的兴趣和欣赏能力。此外，文化馆还可以举办特定主题的活动，加强对文化多元性的传播和推广，促进社会多元文化的交流与融合。通过提供高质量的文化服务，文化馆不仅可以提升自身的社会形象和声誉，还可以为社会发展做出积极贡献，推动社会的进步与发展。

三、文化馆服务的创新与发展

（一）文化馆服务创新的必要性

文化馆作为重要的文化传承和交流平台，面临着许多新的挑战和问题。为了应对这些挑战，创新文化馆服务已成为迫切需要解决的关键问题。这种创新是为了满足观众和参观者的多元化需求，提升观众参与度和体验感以及提高文化馆的社会影响力和知名度。

首先，满足观众和参观者的多元化需求是创新文化馆服务的必要性所在。随着社会的发展，人们对文化的需求呈现出多元化、个性化的特点，这种趋势正在不断增强。现代人生活节奏快，工作压力大，他们需要一种轻松、愉悦的方式去接触和了解文化，同时也希望通过与文化的互动，丰富自己的精神世界，提升自己的文化素养。因此，满足观众和参观者的多元化需求、创新文化馆的服务，是当前文化馆发展的必然趋势。文化馆需要不断引入新的展览技术和创意互动形式，满足不同人群的需求。例如，可以利用互动展览技术，设计一些互动性强、趣味十足的展览项目，吸引年轻人的参与。通过多媒体展示技术，将文化元素以生动、形象的方式呈现出来，让观众在视觉上得到冲击和享受。还可以利用虚拟现实技术，为观众提供身临其境的文化体验，让他们仿佛置身于历史场景或艺术作品之中。这些新的展览技术和创意互动形式不仅可以吸引更多的年轻人前来参观，还能让他们在轻松愉悦的氛围中深入了解文化，感受文化的魅力。不同年龄段的人群对文化的需求也有所不同。对于儿童和青少年来说，他们更喜欢寓教于乐的文化体验方式，如亲子互动展览、科普教育展览等。而对于中老年人来说，他们更注重文化内涵和精神层面的体验，如传统文化讲座、艺术鉴赏等。因此，需要在服务创新中考虑到不同年龄段人群的需求差异，为他们提供个性化的文化体验方式。此外，地域文化和民族文化也是文化馆服务创新中需要考虑的重要因素。每个地区都有自己独特的地域文化和民族文化，这些文化资源是文化馆进行服务创新的重要素材和灵感来源。可以通过展览设计、活动策划等方式将这些地域文化和民族文化元素融入其中，吸引更多观众前来参观和了解。同时，还可以通过举办各种地域文化和民族文化活动，如地方戏曲演出、民俗文化节等，让观众在轻松愉悦的氛围中了解和感受地域文化和民族文化的魅力。第二，提升观众参与度和体验感是创新文化馆服务的必要性所在。传统的文化馆服务模式往往以观众被动接受文化的形式存在，参观者缺乏交互和参与感。然而，为了吸引更多的观众和参观者，文化馆需要创新服务方式，提供更多的观众参与性活动和展览形式。文化馆可以推出互动性强的展览活动。传统的展览往往是观众在一旁仅仅观看展品，对于展品的理解和欣赏仅限于视觉感受。然而，通过引入互动元素，观众将有更多的机会去亲自参与到展览中，积极与展品进行互动。比如，在一些艺术展览中，可以设置一些互动艺术品，观众可以通过触摸、移动、游戏等方式与艺术品进行互动，这样不仅增加了观众的参与度，还提升了他们对于艺术品的理解和欣赏。文化馆还可以推出富有趣味性的展览活动。观众往往对于枯燥乏味的展览缺乏兴趣，难以保持持续的关注度。因此，创新的文化馆服务需要注重展览的趣味性。比如，在科技主题的展览中，可以通过展示一些创新科技产品，通过虚拟现实等技术手段让观众亲身体验科技的魅力。同时，可以设置一些有趣的互动游戏，让观众在游戏中学习和了解科技知识，增加他们的参与度，提升他们对展览的体验感。为了增加观众的参与感，文化馆还可以推出与观众相关的展览活动。观众往往更加关心与自身相关的内容，因此，文化馆可以根据观众的兴趣和需求，开展一些与他们相关的主题展览。比如，在一个历史文化馆中，可以推出与当地历史相关的展览，向观众展示本地的历史文化遗产，让观众能够更好地了解和感受自己所在地的历史文化。除了展览活动，文化馆还可以通过其他方式增加观众的参与度和体验感。比如，可以推出一些文化讲座、工作坊等活动，邀请专家学者来进行讲解和互动，让观众有机会与专家进行面对面的交流和学习。同时，文化馆还可以提供一些互动性强的导览设施，引导观众参与到展览中去。例如，可以提供导览器、导览地图等工具，让观众能够在观赏展品的同时了解更多的背景知识，并且可以根据自己的兴趣进行导览路线的选择。第三，提高文化馆的社会影响力和知名度是创新文化馆服务的必要性所在。文化馆作为传播和弘扬本地区、本国乃至全球文化的重要载体，其社会影响力的提升可以有效推动文化的传播和交流。为了实现这一目标，创新文化馆服务就显得尤为关键。创新体现在提供与时代潮流和社会需求相符的文化内容，这意味着文化馆需要不断更新展览和活动的主题和形式。只有通过不断改变和创新，文化馆才能吸引更多的观众和参观者，不仅提高客流量，还提升了文化馆在社会中的知名度和影响力。文化馆可以与本地的文化界、艺术界的学者合作，共同举办各种主题展览和文化活动。通过这种合作，文化馆可以引入更多的专业知识和创作力量，使展览和活动更加精彩和有深度。与此同时，通过吸纳本地的文化资源，文化馆可以与当地社区建立更紧密的联系，将文化馆打造成为社区文化生活的重要场所。文化馆还可以通过与其他文化机构的合作，进一步扩大其影响范围。例如，可以与博物馆、艺术馆、图书馆等合作，联合举办跨机构的大型展览和活动。通过这种合作，文化馆可以吸引更多的游客和观众，从而提升其在文化领域的地位和影响力。同时，不同文化机构之间的合作也可以实现资源共享，互相借鉴经验和优势，促进文化事业的发展。除了展览和活动，文化馆还可以通过创新数字化服务来提高其社会影响力和知名度。在数字化时代，更多的人开始依赖互联网获取信息和参与文化活动。因此，文化馆可以开发在线平台和移动应用程序，提供在线展览、网络文化交流和虚拟游览等服务。这种数字化服务不仅可以吸引更多的年轻观众，还可以将文化馆推向全球舞台，与其他国际文化机构进行交流和合作。

（二）文化馆服务创新的途径与方法

在当今社会，创新已经成为各个领域发展的关键词，文化馆服务也不例外。面对社会环境的不断变化和观众需求的多样化，文化馆服务的创新显得尤为重要。创新文化馆服务不仅能够提升观众的体验和满意度，还能增强文化馆的影响力和竞争力。因此，探索文化馆服务创新的途径与方法成为当务之急。第一，利用新技术和新媒体手段创新文化馆服务。现代科技的快速发展为文化馆创新服务提供了无限的可能。随着互联网、移动通信、大数据、云计算等技术的不断成熟，文化馆可以充分利用这些技术手段，提供更便捷、更高效的服务。例如，通过构建官方网站和移动应用程序，观众可以随时随地获取文化馆的最新资讯、活动信息和在线服务。此外，文化馆还可以引入虚拟现实、增强现实、人工智能等新技术手段，打造与时俱进的数字化展览和文化传播平台。通过这些技术的应用，观众可以获得更加沉浸式的文化体验，从而提高文化馆的吸引力和影响力。第二，与其他机构进行合作创新。文化馆并非孤立的个体，而是处于社会文化环境中的一员。因此，与其他机构的合作创新是提升文化馆服务的重要途径之一。文化馆可以与相关的大学、研究机构、艺术团体等共同开展文化研究、艺术展览和文化交流活动。通过与其他机构的合作，文化馆可以借助外部资源，获得更多优质的文化内容和展览，提升服务质量和多样性。例如，与大学合作开展文化讲座和学术研讨，与艺术团体合作举办特色演出和艺术展览，与研究机构合作进行文化研究和成果展示等。这些合作不仅可以丰富文化馆的文化内涵，还可以扩大其社会影响力。第三，创新文化馆的展览策划和内容设计也是提升的重要方面。展览是文化馆最为直观和重要的服务方式之一，因此创新展览策划和内容设计对于提升观众体验和参与度至关重要。文化馆可以根据观众需求和社会潮流，开展特色展览和主题活动，有针对性地提供丰富多样的文化内容和体验。例如，可以举办临时特展，聚焦热门文化话题，吸引观众关注；可以开展互动展览，让观众参与其中，提升观众的参与感和体验感；还可以举办文化节、艺术季等活动，打造文化馆的文化品牌，提升其社会影响力。除了上述途径和方法，文化馆还可以从以下几个方面进行服务创新。一是创新文化馆的管理模式。传统的管理模式可能存在一定的局限性，制约了文化馆的发展。因此，创新管理模式，引入现代化的管理理念和方法，提高管理效率和质量，是文化馆服务创新的重要方面。例如，可以引入绩效考核制度，激发员工的工作积极性和创新精神；可以采用信息化管理手段，提高管理效率和质量；还可以引入社会参与机制，鼓励社会各界参与文化馆的运营和管理，形成共同发展的良好格局。二是创新文化馆的培训和教育模式。文化馆不仅是文化传播的场所，也是公众学习和提升自身素质的平台。因此，创新培训和教育模式，提供多样化、个性化的培训和教育服务，是服务创新的重要内容。例如，可以开展线上线下相结合的培训课程，满足不同观众的学习需求；可以与企业合作，开展职业培训和技能提升课程，为社会提供更多就业机会；还可以开展社区教育项目，提升社区居民的文化素质和综合素养。三是创新文化馆的公共服务模式。文化馆作为公共文化的载体，应该注重公共服务的质量和水平。因此，创新公共服务模式，提供便捷、高效、人性化的公共服务，是文化馆服务创新的重要任务。例如，可以开展预约参观服务，让观众可以根据自己的时间安排自由参观；可以提供免费 Wi-Fi、休息区等设施，提升观众的舒适度；还可以开展文化志愿者服务，鼓励社会各界参与文化馆的运营和服务，提升公共文化的服务质量和水平。

（三）文化馆服务创新的案例分析

随着社会的不断发展，人们对文化生活的需求越来越高，这也对文化馆的服务提出了更高的要求。以下是几个成功的文化馆服务创新案例，以供参考。

一是大英博物馆的文化馆服务创新。大英博物馆作为世界著名的文化馆，一直致力于为公众提供高质量的文化体验。在当今这个科技日新月异的时代，大英博物馆紧跟时代潮流，优化服务方式，提升观众体验。其中，最引人注目的就是利用虚拟现实技术，为观众带来一场场跨越时空的文化之旅。大英博物馆利用虚拟现实技术，为观众提供了全新的展览体验。通过虚拟现实设备，观众可以身临其境地参观远古文明的现场，亲身体验重要历史事件。这种创新的服务方式让观众仿佛穿越时空，回到了历史现场，使他们对历史有了更深刻的理解和感受。例如，观众可以站在古埃及金字塔的内部，亲眼见证法老的辉煌；可以置身于古希腊的奥林匹克运动会现场，感受古希腊文化的博大精深；还可以亲历罗马帝国的兴衰，领略那个时代的辉煌与落寞。这种全新的体验方式不仅提升了观众的参与度和体验感，还为观众提供了更多的学习机会，深化了文化馆的社会影响力。大英博物馆还通过与各种文化机构合作，提供了一系列多元化的文化服务，如艺术展览、音乐会、讲座等，吸引了更多不同年龄段的观众前来参观。这些活动不仅丰富了文化馆的内涵，也为观众提供了更多了解文化、艺术的途径。例如，与画廊、音乐学院、大学等机构合作，举办一系列高水平的艺术展览和音乐会，使观众在欣赏艺术品、聆听音乐的同时，深入了解作品背后的历史、文化内涵。此外，还邀请知名专家举办讲座，分享他们的研究成果和心得，使观众在轻松愉快的氛围中，获取知识、提升素养。同时，大英博物馆注重利用数字技术，拓宽服务领域，为观众提供便捷、高效的文化服务。例如，推出了官方应用程序，观众可以随时随地通过手机、平板电脑等设备，了解博物馆的最新展览信息、藏品介绍、活动预告等。此外，还建立了官方网站，提供在线虚拟参观、教育活动、学术研究等服务，使观众无论身在何处，都能感受到博物馆的魅力。此外，大英博物馆还致力于打造一个开放、包容的文化氛围，鼓励观众积极参与博物馆的各项工作。例如，定期举办开放日、志愿者活动，邀请观众参与博物馆的清洁、维护等工作，使观众更加了解博物馆的运营状况，增强他们的责任感和归属感。同时，还设立特色工作坊，如陶艺、绘画、手工制作等，让观众亲自动手，体验创作的乐趣。大英博物馆还注重培养年轻观众，激发他们对文化的热爱。为此，博物馆专门针对儿童和青少年设计了丰富多彩的教育活动，如亲子活动、夏令营等。通过这些活动，让孩子们在游戏中感受文化的魅力，培养他们的审美情趣和艺术素养。此外，还与学校、教育机构合作，推出了一系列教育课程，将文化教育融入学生的日常生活，帮助他们树立正确的历史观、文化观。

二是德国柏林双年展的文化馆服务创新。德国柏林双年展的文化馆服务创新，是一场关于跨馆合作与技术革新的生动实践。德国柏林双年展不仅仅是一个国际艺术展览，更是柏林向世界展示其多元文化魅力的重要窗口。每两年举办一次的柏林双年展，吸引了来自世界各地的艺术家，将柏林塑造为一座活跃的艺术之城。在这个大背景下，柏林的各个文化馆也积极参与其中，通过特色展览和艺术活动，为观众带来了一场视觉与感官的盛宴。这些特色展览和艺术活动不仅丰富了观众的文化体验，也推动了各个文化馆之间的交流与合作。这种跨馆合作的服务方式，无疑提升了柏林文化馆的整体知名度和影响力。不仅如此，这种合作也促进了柏林文化馆之间的学习与借鉴，为彼此的长远发展提供了新的动力。这种模式不仅有利于柏林文化馆的发展，也为整个城市的文化繁荣注入了新的活力。为了更好地满足观众的需求，柏林双年展还积极引入了数字化技术。在数字化技术的推动下，柏林双年展实现了许多创新服务。其中最引人注目的就是数字艺术展览和虚拟现实技术的应用。这些数字化技术的应用，为观众带来了全新的视觉和感官体验。观众可以通过数字艺术展览，足不出户地欣赏到来自世界各地的优秀艺术作品，领略到艺术的无限魅力。同时，虚拟现实技术的应用，也让观众能够身临其境地感受艺术作品所营造的氛围，更加深入地理解和体验艺术作品。除了数字艺术展览和虚拟现实技术，柏林双年展还积极探索其他数字化服务。例如，通过社交媒体平台，柏林双年展实现了与观众的实时互动，让观众能够更深入地参与到展览中来。此外，柏林双年展还开发了一些应用程序，提供更多的展览信息和导览服务，方便观众更好地理解和欣赏艺术作品。这些数字化技术的应用，不仅提高了观众的参与度和满意度，也为柏林双年展提供了更多的创新可能。然而，创新服务并不止于此。柏林双年展还在策展、导览、教育等方面进行了一系列创新。在策展方面，柏林双年展引入了跨学科、跨领域的策展方式，将不同的艺术形式、文化和观点融合在一起，为观众带来更丰富、多元的展览体验。在导览方面，柏林双年展引入了专业的导览员和志愿者，提供个性化的导览服务，让观众能够更深入地了解和体验艺术作品。此外，教育也是柏林双年展的重要一环。通过组织讲座、工作坊等活动，柏林双年展为青少年和成人提供了学习和成长的机会，让他们能够更好地理解艺术、欣赏艺术。

三是中国故宫博物院的文化馆服务创新。中国故宫博物院作为世界文化遗产地，不仅是中华文明的重要象征，更是一个展示中国深厚历史文化底蕴的窗口。近年来，故宫博物院在文化传承与传播方面做出了诸多创新尝试，尤其是在文化服务方面，通过引入现代科技手段，成功地将传统与现代相融合，为广大民众提供了更为便捷、多元的文化体验。故宫博物院利用新媒体手段，推出了"故宫博物院官方网站"和"故宫博物院微信公众号"。这两个平台不仅为观众提供了全新的在线导览体验，更是将交互展览和文化教育等服务融入了人们的日常生活中。观众只需通过手机，就可以随时随地浏览和学习故宫的文化知识，感受中华文明的魅力。故宫博物院官方网站是一个全面展示故宫文化资源的平台。在这里，观众可以详细了解故宫的历史沿革、建筑布局、藏品介绍等，还可以在线观看故宫举办的各类文化活动和讲座。网站设计精美，内容丰富，既有深度又不失趣味性，使观众能够在虚拟的空间中感受到故宫的庄重与典雅。而故宫博物院微信公众号则更加注重与观众的互动。在这里，故宫博物院通过发布最新展览信息、文化活动预告、历史文化科普文章等内容，与观众保持紧密联系。同时，公众号还开发了多项便捷功能，如在线购票、导览预约等，极大地方便了观众参观。通过这两个平台，故宫博物院成功地将传统文化与现代科技相结合，进行了文化服务的创新。这种创新不仅拓宽了故宫文化传播的渠道，使得更多的人可以随时随地了解故宫文化，还提高了故宫的数字化水平，为未来的数字化发展奠定了基础。故宫博物院还通过官方网站和微信公众号，积极开展文化交流活动。例如，故宫博物院曾与多个国家和地区的博物馆进行在线展览合作，通过虚拟展览的形式，将中国传统文化推向世界。这种全新的文化交流方式，打破了地域和语言的障碍，使故宫文化得以在全球范围内传播。此外，故宫博物院还利用新媒体平台，开展了一系列文化教育项目，如"故宫公开课""故宫教育"等。通过线上教学、互动游戏等形式，让更多年轻人了解和热爱传统文化。这些项目不仅提高了观众的文化素养，也使得故宫的文化教育功能得到了充分发挥。值得一提的是，故宫博物院在服务创新过程中，始终坚持以人民为中心的发展思想，充分发挥文化的社会效益。官方网站和微信公众号的推出，正是为了让更多观众能够享受到优质的文化服务，感受到故宫文化的魅力。这种以人民为中心的发展理念，体现了故宫博物院对于文化传承与传播的深刻理解。

除此之外，还有很多其他的文化馆服务创新案例值得借鉴。比如，一些文化馆积极开展亲子活动、文化讲座、音乐会等多元化的文化活动，吸引了更多的家庭和年轻人前来参观；还有一些文化馆利用科技手段，如AR、VR 等技术，为观众提供了全新的互动体验和文化感受。

第三章　大数据在文化馆资源管理中的应用

一、文化馆资源管理的现状与挑战

（一）文化馆资源管理的现状分析

对文化馆资源管理的现状分析展示了目前存在的具体问题。第一，目前文化馆资源管理仍落后于时代。在资源管理过程中，传统的手工操作仍占主导地位，缺乏数字化技术的支持。这导致了文化资源的整理、存储、管理和利用效率低下。现代化的数字化技术可以提供更高效和便捷的管理方式，但文化馆在这方面的应用还相对滞后。第二，资源管理中存在管理不规范的问题。文化馆缺乏统一的标准和规范，导致资源的不统一，管理的混乱和效果的不明显。这意味着文化馆的资源无法得到统一和有效的管理，影响了资源的利用和推广。同时，由于缺乏良好的沟通和合作机制，文化馆之间存在着重复建设和浪费的现象。这不仅浪费了宝贵的资源，还导致了资源管理的低效和效果的减弱。第三，文化馆资源管理面临着技术更新和人员培养的挑战。随着科技的进步和数字化技术的普及，文化馆需要适应新技术带来的机遇和挑战。然而，由于技术更新速度快、知识过时迅速，文化馆的管理人员可能缺乏相关的知识和技能，无法适应新的资源管理方式。这给文化馆资源的管理带来了一定的困扰和挑战。第四，文化馆在人员培养方面也存在不足。由于资源管理工作的特殊性，需要具备一定的专业知识和实践经验。然而，目前文化馆在人员培养方面还存在一些问题。缺乏相关的培训和教育体系，导致人员的专业素质不够高，限制了资源管理的水平和效果。为了解决这些问题，文化馆资源管理需要引入现代化的管理理念和数字化技术。一是要加强对数字化技术在资源管理中的应用。数字化技术可以提供更高效和便捷的资源管理方式，提高资源的整理、存储、管理和利用效率。同时，需要建立统一的管理标准和规范，确保资源管理的统一性和规范性。此外，文化馆之间需要加强沟通和合作，避免重复建设和资源浪费的现象。二是要注重人员培养和专业化管理。加强对资源管理人员的培训和教育，提高其专业素质和实践经验。建立完善的培训和教育体系，为资源管理人员提供学习和进修的机会，使其不断更新知识和技能。同时，也需要吸引更多有专业知识和经验的人才加入文化馆资源管理队伍中，推动资源管理的专业化和水平的提升。

（二）文化馆资源管理中存在的挑战

文化馆作为一个保护和传承文化、艺术的重要场所，其资源管理对于维护和发展我国丰富的文化遗产具有重要意义。然而，在实际的管理过程中，文化馆资源管理面临着诸多挑战，主要体现在几个方面。一是资源配置不均。我国地域辽阔，各地经济发展水平和文化底蕴存在巨大差异，导致文化馆的资源配置不均。一线城市和发达地区的文化馆硬件设施相对完善，拥有丰富的文化资源和专业的管理团队，而中小城市和欠发达地区的文化馆则普遍存在资源匮乏、设施陈旧、人才短缺等问题。这种资源配置不均的现状，使得文化资源的分配和利用效率受到严重影响，进而制约了文化馆功能的发挥。具体来说，一线城市和发达地区拥有更多的资金、人才和文化资源，使得他们的文化馆在硬件设施、文化活动组织和资源利用等方面具有明显的优势。然而，对于中小城市和欠发达地区的文化馆来说，由于资源匮乏，往往只能进行有限的文化活动，难以满足当地居民对文化的需求。这种资源配置的不均，不仅影响了文化馆的服务质量，也影响了公共文化服务的质量和水平。二是管理体制僵化。当前，我国文化馆的管理体制仍然较为僵化，行政化色彩浓厚。这种管理体制导致文化馆在运行过程中创新动力不足，工作效率低下。由于行政化管理，文化馆与基层社区、企业等合作力度不够，难以充分发挥文化馆的社会功能。同时，行政化管理体制还可能导致内部管理混乱，资源配置不合理，影响文化馆的健康发展。这种僵化的管理体制使得文化馆难以适应快速变化的社会环境，难以满足公众对公共文化服务的需求。同时，由于缺乏有效的激励机制和创新环境，文化馆工作人员的工作积极性和创新能力受到限制，难以充分发挥其专业能力。此外，行政化管理体制还可能导致文化馆内部机构臃肿、人浮于事等问题，使得文化馆的运营成本居高不下，影响了文化馆的可持续发展。三是人才队伍建设不足。人才是文化馆资源管理的关键因素。然而，当前我国文化馆人才队伍建设存在以下问题：首先，专业人才短缺。由于文化馆的地位和待遇相对较低，难以吸引和留住高素质的文化人才。其次，人才培训和选拔机制不完善。由于缺乏系统的培训和选拔机制，导致员工素质参差不齐，难以满足文化馆发展的需求。最后，人才流失问题严重。由于待遇、发展空间等原因，许多优秀的人才选择离开文化馆，这不仅影响了文化馆的日常工作，也影响了文化馆的可持续发展。由于人才短缺和培训机制不完善，文化馆在资源管理、活动策划和文化传承等方面面临挑战。同时，由于待遇和发展空间等问题，许多优秀的人才选择离开文化馆，这使得文化馆难以留住高素质的人才，影响了文化馆的创新能力和发展潜力。因此，加强人才队伍建设是当前文化馆发展的重要任务之一。四是资金投入不足。充足的资金是文化馆发展的基础和保障。然而，当前我国文化馆的资金投入普遍不足，难以满足文化馆各项活动的开展和文化资源的挖掘、保护需求。经费不足导致文化馆在硬件设施建设、文化活动组织、文化交流等方面受到限制，影响了文化馆的功能发挥和服务质量。资金的短缺使得一些必要的设施建设和活动无法得到充分的支持，这不仅影响了文化馆的正常运营和发展，也影响了公共文化服务的质量和水平。为了解决这一问题，需要加大资金投入和管理，提高资金的使用效率和使用效果。五是社会参与度低。作为公共文化服务体系的重要组成部分，文化馆需要广泛动员社会力量参与其中。然而，当前我国文化馆的社会参与度较低，主要以政府主导为主。这种局面导致文化馆在资源整合、活动策划等方面受到一定程度的限制，难以充分发挥社会力量在公共文化建设中的作用，且难以满足公众对多元化、个性化公共文化的需求。为了提高社会参与度，需要加强与社区、企业、社会组织等合作，共同推动公共文化建设。同时，也需要加强对社会力量的引导和支持，提高社会力量的参与积极性，提高其参与效果。

针对上述挑战，我国应当从以下几个方面加强文化馆资源管理。一是要优化资源配置，加大对中小城市和欠发达地区文化馆的扶持力度，以促进文化馆资源的均衡发展。这意味着要重新分配资源，确保这些地区有足够的资金、人才和技术支持，以建立和发展自己的文化馆。可以通过政策倾斜和专项资金支持，帮助这些地区建立和完善文化馆设施，提高服务质量，以满足当地居民的文化需求。二是要深化管理体制改革，推进文化馆的法人治理结构建设。这意味着要建立一个由文化馆员工、专家、学者和公众代表等共同组成的管理机构，以提高文化馆的运行效率和活力。这个机构将负责制定文化馆的发展战略、监督文化馆的运行情况、评估文化馆的工作绩效等。通过这样的改革，可以确保文化馆的运行更加透明、公正和高效。三是要加强人才队伍建设，提高文化馆员工的待遇，建立健全培训和选拔机制，吸引和留住优秀人才。人才是文化馆发展的关键，要吸引和留住那些有才华、有热情、有创新精神的人才，以推动文化馆的发展。可以通过提供更好的薪酬待遇、培训机会和职业发展前景等，吸引人才加入文化馆。同时，也需要建立健全的选拔机制，确保选拔出的人才具备专业素质和文化素养，能够胜任文化馆的工作。四是要增加政府投入，将文化馆建设纳入国民经济和社会发展规划，确保文化馆有足够的资金支持。政府是文化馆发展的主要推动力量，要确保政府对文化馆的投入不断增加，以满足文化馆发展的需要。这包括提供足够的资金支持、建设新的文化馆设施、更新现有的设施、开展各种文化活动等。通过这样的投入，可以确保文化馆有足够的资源来提供高质量的服务，满足公众的文化需求。五是要鼓励社会参与，通过政策引导和激励措施，吸引企业、社会组织和个人参与文化馆的建设和发展。除了政府投入外，还需要吸引更多的社会力量参与文化馆的建设和发展。这可以通过制定相关的政策法规、提供税收优惠和资金支持等措施来实现。此外，还可以通过举办各种文化活动、提供培训和咨询服务等方式，吸引更多的社会组织和个人参与到文化馆的建设中来。

（三）文化馆资源管理的可持续发展问题

文化馆作为传承和弘扬民族文化、提升公民素质、丰富群众精神文化生活的重要社会文化机构，在可持续发展过程中，资源管理显得尤为重要。资源管理不仅涉及文化馆内部的人力、物力、财力等资源，还包括外部文化资源、社会资源、环境资源的整合与利用。在文化馆资源管理的可持续发展过程中，需要关注几个问题。一是资源配置的均衡性与优化性。文化馆资源配置的均衡性与优化性是实现可持续发展的重要前提。目前，我国文化馆资源配置存在一定程度的地区差异和城乡差异，城市地区和文化发达地区相对集中，而农村和边远地区文化资源相对匮乏，因此，要优化文化馆资源配置，需要加强政策扶持，加大对农村和边远地区文化基础设施建设的投入，提高文化服务水平。通过实施文化扶贫工程，推动文化资源向欠发达地区倾斜，促进文化公共服务均等化。还要创新资源配置方式，运用市场机制和政府引导相结合的方式，激发社会力量参与文化馆资源配置的积极性。鼓励企业、社会组织、个人等社会资本投入文化馆建设，实现多元化融资渠道，提高文化资源利用效率。同时，要加强文化馆内部资源整合，优化人力资源、物资资源、财务资源配置。通过建立健全内部管理制度，提高文化馆运营效率，确保文化资源发挥最大效益。二是文化馆活动的创新性与实效性。文化馆活动的创新性与实效性是提升文化服务质量、满足群众多样化文化需求的关键。为实现可持续发展，文化馆活动需要坚持以人民为中心的发展理念，关注群众多样化、个性化的文化需求，开展丰富多彩的文化活动。通过问卷调查、座谈会等形式，广泛征求群众意见，精准把握群众文化需求，提高文化馆活动的针对性和实效性。同时要创新文化馆活动形式和内容，将传统文化与现代元素相结合，注重内涵发展。通过举办特色文化活动、展览、讲座等，提高文化馆活动的吸引力和影响力，激发群众参与文化活动的热情。此外，要加强文化馆与社区、学校、企业等合作，拓宽服务领域，实现资源互补和共享。通过开展馆际交流、文化走亲等活动，促进文化馆之间的互动与合作，提高文化馆活动的覆盖面。三是文化馆管理的规范化与科学化。文化馆管理的规范化与科学化是保障文化馆可持续发展的重要保障。为实现规范化管理，要建立健全文化馆管理制度，包括人事管理、财务管理、资产管理、活动管理等各个方面。通过制定和完善制度，明确各部门职责，规范工作流程，提高文化馆管理的制度化水平。要加强文化馆信息化建设，运用现代科技手段提高管理效率。通过构建文化馆管理信息系统，实现文化活动、资源共享、观众服务等方面的信息化管理，提高文化馆工作的便捷性和效率。还要加强文化馆人才队伍建设，提高文化馆管理人员的业务素质和服务水平。通过开展培训、考核、激励等手段，培养一支专业化的文化馆管理团队，为文化馆的可持续发展提供人才保障。

二、大数据在文化馆资源管理中的优势

（一）大数据在文化馆资源管理中的作用

大数据技术在文化馆资源管理中发挥着重要作用。它能够通过提供全面、准确的数据支持，帮助文化馆管理者更好地了解馆内资源的分布情况、使用情况和需求情况。通过对数据的分析，管理者可以制定更加科学、合理的资源管理决策，提高资源的利用效率，降低管理成本，并为文化馆的长远发展提供有力支持。第一，大数据能够提供丰富的资源信

息。文化馆中包含各种形式的资源，如图书、文献、艺术品和设施设备等。通过大数据技术，可以对这些资源进行全面的记录和存储，形成一个庞大的数据资源库。这不仅便于对资源的统一管理，还能为资源的使用者和研究者提供便利。管理者可以通过查询数据库来获取相关资源信息，快速获得所需资源，节省时间和精力。第二，大数据能够提供准确的数据分析结果。通过对数据资源的深入挖掘和分析，可以揭示隐藏在数据背后的规律和趋势，为管理者提供决策依据。例如，通过对馆内图书借阅数据的分析，可以了解读者的阅读偏好和需求变化，从而调整馆内图书的种类和布局，提高图书的借阅率。第三，大数据能够提高资源管理的效率和质量。通过引入大数据技术，可以实现资源管理的智能化和自动化，减少人工干预的环节和时间，提高管理效率。例如，通过建立智能化的资源借还系统，读者可以方便地借还图书，而无需人工办理手续，节省读者的时间并提高服务效率。同时，大数据还能够对资源的使用情况进行实时监测和预警，及时发现和解决问题，保证资源的安全和有效利用。例如，通过监测馆内设施设备的使用情况，可以及时发现故障或损坏，提前进行维修保养，确保资源的正常运转。在文化馆资源管理中，大数据的应用可以帮助管理者更好地了解和分析资源的情况，从而制定针对性的管理策略，提高资源的利用效率和管理水平。同时，大数据的引入也使得资源管理更加便捷高效，加强了文化馆与读者之间的互动与服务质量。尽管大数据技术在文化馆资源管理中有诸多优势，但在实际应用中仍需注意数据安全和隐私保护问题，确保数据的合法使用和安全存储。因此，文化馆管理者在引入大数据技术的同时，也需做好相应的安全措施，并保持对数据的合理使用和管理。只有做到这一点，大数据技术才能更好地为文化馆资源管理提供有力支持。

（二）大数据在文化馆资源优化中的应用

在现代社会，大数据作为一种重要的技术手段，已经在许多领域得到了广泛的应用。在文化馆资源管理方面，大数据同样发挥着不可替代的作用。它不仅可以帮助文化馆实现资源的科学管理，还可以为文化馆的资源优化提供有力支持。第一，大数据可以帮助文化馆实现资源的合理调配。资源的合理调配是文化馆资源管理的重要任务之一。通过运用大数据技术，可以对馆内资源的分布和使用情况进行实时监测和分析，从而发现资源分布不均、使用不充分等问题，并采取相应的措施进行调整和优化。例如，在某个区域，文化馆可以通过大数据分析发现，某些资源的利用率较低，这时候，文化馆就可以通过增加这些资源的使用次数，或者开展相关活动来提高其利用率。此外，大数据还可以帮助文化馆发现资源的分布不合理问题。文化馆可以根据大数据分析的结果，进行适当的调整和重新布局，从而实现资源的最佳配置。第二，大数据可以帮助文化馆实现资源的整合共享。整合共享是提高资源利用效率的重要手段。通过运用大数据技术，可以整合不同部门、不同类型资源的数据库，形成一个统一的资源共享平台。这样，不仅可以降低资源的管理成本，减少资源的浪费现象，还可以为文化馆的长远发展提供有力支持。例如，通过大数据分析，文化馆可以了解到不同部门之间的资源使用情况，从而找到资源整合的可能性和方式，实现资源的最大化利用。第三，大数据可以帮助文化馆制定更加科学合理的资源采购计划。资源采购是文化馆资源管理的重要环节之一。通过运用大数据技术，可以对读者的需求进行预测和分析，从而制定出更加符合读者需求的采购计划。这不仅可以避免资源的浪费和闲置，还可以降低采购成本和管理难度。例如，通过大数据分析，文化馆可以了解读者的阅读喜好和需求，从而制定出更加符合读者需求的采购计划，提高资源的利用效率。

（三）大数据在文化馆资源管理决策中的应用

随着信息技术的飞速发展，大数据技术已逐渐渗透到文化馆的各个领域，其中也包括文化馆资源管理决策。大数据不仅能在资源管理中发挥重要的作用和在优化方面提供支持，更为文化馆的资源管理决策提供了强大的支持。它犹如一把钥匙，开启了科学合理决策的大门，使文化馆能更准确地理解现状、预测未来，从而制定出更符合实际需求的决策方案。大数据为文化馆的管理者提供了丰富的数据支持。通过深入挖掘和分析数据资源，文化馆可以获得丰富、多样化的信息，为制定决策方案提供有力依据。例如，通过对馆内读者的阅读习惯和偏好的分析，文化馆可以了解到读者的阅读兴趣、阅读需求以及阅读行为的变化趋势，这些信息对于图书馆的运营和服务至关重要。通过对这些数据的分析，文化馆可以为读者提供更符合他们需求的服务，提高读者的满意度。大数据还可以帮助文化馆制定更加符合实际需求的决策方案。通过对现有资源和读者需求的深入分析和预测，文化馆可以制定出更符合实际需求的决策方案，提高资源的利用效率和读者的满意度。例如，文化馆可以根据读者的阅读需求和阅读习惯来调整图书馆的布局和服务内容，使图书馆的资源能够更好地满足读者的需求。文化馆还可以根据读者的兴趣爱好来开展相关的文化活动和服务项目，如定期举办读书会、讲座、展览等，以吸引更多的读者，提高文化馆的影响力和吸引力。此外，大数据还可以帮助文化馆发现隐藏在数据背后的规律和趋势，这对于制定决策方案也具有重要意义。例如，通过对历史数据的分析，文化馆可以发现读者阅读习惯的变化趋势，从而预测未来的需求，提前做好准备，提高资源的利用效率。最后，大数据的应用还可以帮助文化馆实现资源的优化配置。通过对各种资源的使用情况进行分析和预测，文化馆可以制定出更加科学合理的资源分配方案，使有限的资源能够得到更加高效的利用。

三、未来资源管理的趋势与展望

在新时代背景下，我国文化馆资源管理正面临着一系列新的挑战和机遇。为了更好地适应社会发展的需要，满足人民群众日益增长的文化需求，未来文化馆资源管理将呈现出一系列新的发展趋势和创新方向。同时，还需要明确未来文化馆资源的重点任务，以确保文化馆资源得到有效整合和充分利用。

（一）未来文化馆资源管理的发展趋势

随着社会的发展，人们对文化生活的需求日益增长，文化馆作为公共文化服务体系的重要组成部分，其资源管理的重要性日益凸显。在未来，文化馆资源管理将呈现出以下的发展趋势。第一，文化馆资源管理将更加注重信息化建设。随着互联网、大数据、人工智能等技术的飞速发展，数字化、智能化和网络化将成为文化馆资源管理的新常态。通过搭建信息化平台，文化馆的资源将能够在线展示、查询和共享，这将极大地提升公众获取文化信息的便捷性，并推动文化服务的优质化。同时，这种信息化管理也将为文化馆提供强大的数据支持，帮助文化馆更好地了解和满足公众的文化需求。第二，文化馆资源管理将更加重视特色化发展。为了满足不同群体的文化需求，文化馆将根据自身优势和地域特色，开发具有独特性的文化资源。文化馆将深入挖掘和传承地方传统文化，举办各类特色文化活动，如地方戏曲、民俗展示、手工艺品制作等，以此来吸引更多的人参与到文化体验中来，提升文化馆的吸引力和影响力。第三，文化馆资源管理将更加注重社会化合作。未来，文化馆将积极与政府部门、企事业单位、社会团体和民间组织等开展合作，共同推进文化资源的建设、开发和利用。多元化的合作平台将使文化馆的资源得到最大化利用，从而提供更为丰富多样的文化产品和服务。第四，文化馆资源管理将更加关注可持续发展。文化馆将积极采取措施，提高文化资源的利用效率，减少浪费。同时，文化馆还将关注文化资源的保护与传承，确保文化资源的可持续利用，为后代留下宝贵的文化财富。这包括对历史文化遗产的保护、对传统艺术形式的传承以及对自然环境的尊重。

在这样的发展趋势下想要实施这些策略，文化馆需要加大对信息化建设的投入，引进先进的技术和管理系统，以实现资源的数字化和网络化管理。同时，文化馆也需要培养一支既懂技术又懂文化的专业团队，以确保信息化建设的顺利进行。文化馆应积极开展特色化发展的探索。根据地域特色和自身优势，开发具有独特性的文化资源。这需要文化馆深入挖掘地方传统文化，举办各类特色文化活动，同时也要注重与公众的互动，了解他们的需求和反馈，以不断提升服务质量。文化馆还需要积极推进社会化合作。通过搭建多元化的合作平台，吸引更多的社会力量参与到文化馆的建设和发展中来。这需要文化馆积极主动地与各类组织建立联系，建立稳固的合作关系，共享资源，共同发展。此外，文化馆需要在可持续发展的理念下进行资源管理。提高文化资源的利用效率，减少浪费的同时，也要注重对文化资源的保护和传承。这需要文化馆制定合理的利用和保护政策，同时也要加强对文化资源的宣传和教育，增强公众的文物保护意识。

（二）未来文化馆资源管理的创新方向

随着社会的发展，人们对文化的需求日益增长，文化馆作为提供文化服务的重要场所，其资源管理方式也需要不断创新以适应新的形势。在未来的发展中，文化馆应积极探索并实践资源管理的创新方向，以提升服务水平，满足公众日益多样化的文化需求。在管理模式上，文化馆将探索并建立健全的文化馆资源共享机制。政策制定者应积极推动相关政策的制定和实施，打破地域、行业和体制界限，实现文化资源的整合与共享。这将有助于丰富文化馆的资源库，提高资源的利用效率，同时也能够促进不同地区、不同行业之间的文化交流与合作。为了实现这一目标，需要制定一系列的政策法规，明确各方的权利和责任，建立有效的监管机制，确保资源共享的公平性和有效性。同时，还可以引入市场机制，激发文化资源的价值。例如，可以开展文化资源的商业化运营，通过版权交易、版权许可等方式，将部分文化资源转化为经济收益，为文化馆的运营提供更多的资金来源。此外，还可以通过举办各类文化活动，吸引社会资本的投入，形成多元化的投资渠道，为文化馆的可持续发展提供保障。在服务方式上，文化馆将不断创新服务手段，拓宽服务渠道。随着科技的发展，线上线下相结合的方式将成为文化馆服务的主要形式。可以通过线上平台开展虚拟展览、在线教育等活动，让更多的人能够方便地获取文化资源。同时，还可以通过线下举办各类文化讲座、艺术培训等，提供更为直观、生动的文化体验。为了满足不同群体的文化需求，需要不断拓宽服务渠道，如利用社交媒体、移动应用程序等新兴媒体手段，扩大文化馆的影响力。在活动策划上，文化馆将注重跨界融合，创新文化产品。为了提升文化馆的吸引力和影响力，需要不断探索与其他领域的合作，如科技、旅游、教育等。通过跨界合作，可以开发具有创新性和互动性的文化项目，为公众带来全新的文化体验。可以将科技元素融入传统的艺术表演中，打造科技与艺术相结合的文化产品；还可以将文化馆的资源与旅游线路相结合，开发出具有特色的旅游产品，吸引更多的游客前来参观。

除了上述几个方面外，还需要重视在队伍建设上的创新。文化馆应加强专业化建设，提高工作人员的文化素质和业务能力。这需要通过开展培训、交流和引进人才等措施来实现。可以通过定期举办培训班，提高工作人员的专业技能和素质；还可以引进优秀的人才加入文化馆团队，提升团队的综合素质；可以加强与其他文化机构的交流合作，学习借鉴他们的先进经验和方法。

（三）未来文化馆资源管理的重点任务

在未来的文化馆资源管理中，以下几项重点任务是必须优先处理的。一是加强文化馆资源的调查与评估。为了实现这个目标，需要对未来文化馆资源进行全面的调查，了解文化馆资源的种类、数量、分布和利用状况。这项工作将涉及广泛的合作，包括文化机构、专家、社区成员和公众的参与。需要通过深入调查，理解各种文化资源的特性，并记录它们的利用情况，为制定文化馆资源管理政策提供依据。在评估文化馆资源时，需要对每一种资源进行价值和重要性的评估，这涉及专业的艺术、历史、科学和环境等方面的知识。通过这一系列的评估工作，可以确定哪些文化馆资源需要优先保护和利用，哪些资源需要进一步研究和发展。二是制定和完善文化馆资源管理政策。根据对文化馆资源的调查评估结果，需要制定针对性的文化馆资源管理政策，明确文化馆资源的管理目标、原则和措施。这些政策需要考虑到各种文化馆资源的特殊性以及不同地区和群体的需求。同时，还需要将文化馆资源管理政策与相关法律法规相结合，确保文化馆资源管理的合法性和规范性。三是加强文化馆资源的建设与开发。这包括两个方面：一方面是改善文化馆的基础设施，提升文化馆资源的硬件水平；另一方面是注重文化馆资源的内涵建设，挖掘文化资源的历史、艺术和科学价值，开发具有特色的文化产品和服务。为了实现这一目标，需要加大投入，并鼓励公众参与文化建设。四是提高文化馆资源的利用效率。这涉及建立有效的资源共享机制，促进文化馆资源的合理分配和利用。同时，还需要创新文化馆资源服务方式，拓宽服务渠道，提高资源的公共服务能力。这需要充分利用现代科技手段，如大数据、人工智能等，提高服务的精准性和便捷性。五是加强对未来文化馆资源的保护与传承。保护文化馆资源不仅需要防止它们损毁和流失，还需要确保它们能够持续地传承下去。因此，需要建立科学有效的保护机制，包括建立数据库、制定保护标准、设立保护区等。同时，还需要注重文化馆资源的传承与创新，使文化馆资源在传承中不断发展，为后代留下宝贵的文化财富。这需要深入研究和挖掘各种文化的内涵和价值，探索新的传承方式和技术，让这些宝贵的文化遗产能够适应现代社会的发展，并且能够为未来的社会带来积极的影响。

第四章　大数据在文化馆业务管理中的应用

一、业务管理的定义与重要性

（一）业务管理的概念与特点

业务管理是指对文化馆的各项业务进行全面、系统、科学的规划、组织、协调和控制的动态过程。它涵盖了文化馆从日常事务的处理到战略决策的制定等方方面面，不仅包括具体的业务活动，还包括对这些活动的管理和协调。业务管理在文化馆中的重要性不言而喻，它不仅是文化馆运营的重要环节，也是实现文化馆整体战略目标的关键手段。第一，从管理的对象来看，业务管理涉及的内容非常广泛。它不仅包括日常的业务处理，如展览策划、演出安排、观众接待、文物保护等具体事务，还包括对整个业务流程的管理和协调。同时，由于文化馆的业务涉及的领域众多，如展览、演出、教育推广、文物保护等，这些都需要进行综合管理，确保各项业务能够协调一致，共同推动文化馆的发展。第二，业务管理具有复杂的特性。由于文化馆的业务涉及众多的参与者和利益相关方，如观众、艺术家、政府、赞助商等，这些不同的利益相关方有着各自的需求和期望，这就需要业务管理能够协调不同利益之间的关系，平衡各方的需求，确保文化馆能够实现整体利益的最大化。此外，文化馆的业务通常涉及长期规划和发展，如一个展览的策划和准备可能需要数个月甚至数年的时间，因此业务管理需要具备前瞻性思维，能够进行长期规划和组织，确保文化馆能够适应不断变化的环境和需求。第三，文化馆的业务管理具有长周期的特点。由于文化馆的业务通常具有较长的生命周期，需要经过长期的策划、筹备、实施和评估等阶段，因此业务管理需要具备长期作战的能力，能够应对各种挑战和变化。同时，随着社会的发展和人们对于文化需求的不断提高，文化馆的业务也需要不断进行调整和创新，以适应不断变化的市场环境。第四，业务管理还具有动态性的特点。由于文化馆的业务面临着不断变化的外部环境和内部需求，这就需要业务管理能够具备灵活性和应变能力，能够随时做出调整和决策。在这个过程中，业务管理人员需要具备敏锐的市场洞察力和决策能力，能够及时发现市场变化带来的机遇和挑战，并制定相应的应对策略。同时，业务管理人员还需要不断学习和掌握新的管理理念和方法，以提高业务管理的效率和效果。

（二）文化馆业务管理的重要性

文化馆业务管理的重要性不仅仅体现在保证文化馆的正常运转上，还体现在提高运营效率和服务质量、保护和传承文化遗产以及促进文化创意产业发展等多个方面。第一，文化馆业务管理对于保证文化馆正常运转至关重要。文化馆作为展示和普及文化的场所，需要进行资源管理、人员管理、财务管理等多方面的业务管理。通过合理的规划和组织，文化馆能够合理配置人力、物力资源，保障各项业务的顺利进行。资源管理方面，文化馆需要根据展示和普及的需要，合理配置展品、设备等资源；人员管理方面，文化馆需要招聘和管理具备专业知识和技能的人员，确保各项工作的正常进行；财务管理方面，文化馆需要制定合理的财务计划和预算方案，确保财务的稳定运作。只有进行细致、科学的业务管理，文化馆才能保持正常的运转。第二，文化馆业务管理是提高运营效率和服务质量的重要手段。在竞争激烈的社会环境下，文化馆需要通过科学的业务管理来提升自身的运营效率和服务质量，以满足社会大众的需求。例如，引入现代化管理手段，如信息技术和智能化设施，可以提高文化馆的运营效率。通过建立在线预约系统、数字展示系统等，观众可以便捷地享受文化馆的服务，并提升观众的参观体验。同时，文化馆还需要加强对员工的培训和管理，提升服务质量，使观众在文化馆中得到更好的服务。只有通过科学的业务管理手段，文化馆才能在竞争中脱颖而出，实现可持续发展。第三，文化馆业务管理对于保护和传承文化遗产具有重要意义。作为文化遗产的展示和传承场所，文化馆需要进行有效的业务管理，以确保文化遗产的保护和传承工作能够顺利进行。通过科学的规划和策划，文化馆能够恰当地呈现文化遗产，使观众更好地了解和感受文化遗产的价值和魅力。同时，通过有效的业务管理，文化馆能够确保文化遗产的保护措施得到有效执行，避免文化遗产损毁或流失的情况发生。文化馆作为文化遗产保护的重要场所，需要通过业务管理手段来推动传统文化的传承与创新，促进文化遗产的保护和传承工作。第四，文化馆业务管理对于文化创意产业的发展具有重要促进作用。文化创意产业是国家经济发展的重要支柱产业，文化馆作为其中的一部分，需要通过有效的业务管理来推动文化创意产业的繁荣和发展。通过与文化创意产业的紧密结合，文化馆能够创造出更多具有市场竞争力的文化产品和服务，并且激发创造力和创新思维。通过举办文化创意展览和活动，文化馆能够为创意产业提供展示和推广的平台，促进各方面资源的整合和共享，从而推动文化创意产业的蓬勃发展。

（三）文化馆业务管理中存在的问题与挑战

文化馆作为我国文化事业的重要组成部分，承担着传播文化、服务群众的重要职责。在当前社会发展的大背景下，文化馆业务管理面临着一些亟待解决的问题和挑战，这些问题和挑战不仅影响了文化馆的正常运行，也制约了文化事业的进一步发展。

第一，资源分配不均。资源分配不均体现在人力资源、物资资源等多个方面。一些地区的文化馆由于人力资源匮乏，可能无法提供足够的培训和指导，导致馆员的专业素质无法得到提升。这不仅影响了文化馆的业务开展，也限制了文化馆在文化传播、文化服务等方面的作用。此外，物资资源的分配不均也是一个问题，一些文化馆可能面临物资不足、场地有限等问题，无法满足公众的文化需求。

第二，业务管理信息化程度低。随着信息化技术的发展，许多行业都在尝试将信息化技术应用到业务管理中，以提高管理效率。然而，目前文化馆的业务管理信息化程度相对较低，一些传统的业务管理模式和管理方法可能无法适应信息化时代的需求。这不仅影响了文化馆的业务管理效率，也限制了文化馆在文化传播、文化服务等方面的创新。

第三，业务管理机制不完善。当前文化馆的业务管理机制可能存在一些问题，如管理制度不健全、考核机制不完善等。这会导致业务管理的规范化和科学化程度不高，从而影响文化馆的发展。另外，管理制度不健全可能导致文化馆在业务开展过程中出现混乱，考核机制不完善可能导致工作人员的工作积极性不高，影响工作效率。

第四，工作人员素质有待提高。一些文化馆的工作人员可能缺乏专业的培训和指导，业务素质和职业素养有待提高。这可能会影响文化馆的业务管理和服务质量。如果工作人员专业素质不高，可能导致文化馆在举办文化活动、提供文化服务等方面存在不足，无法满足公众的文化需求。

第五，地区发展不平衡。由于各地区的经济发展水平、文化背景等因素的差异，可能导致文化馆的业务管理水平存在差异。一些经济发达地区和文化资源丰富的地区，其文化馆的业务管理水平相对较高；而一些经济欠发达地区和文化资源相对匮乏的地区，其业务管理水平可能相对较低。这种不平衡的地区发展现状不仅影响了文化馆的整体发展，也制约了文化事业的均衡发展。

第六，创新意识和创新能力不足。随着社会的发展和文化的多元化，文化馆需要不断探索新的业务管理模式和方法，以满足公众日益增长的文化需求。然而，一些文化馆可能缺乏创新意识和创新能力，无法适应时代的变化和发展。这不仅影响了文化馆的竞争力，也限制了文化馆在文化事业中的引领作用。

二、大数据在业务管理中的应用方式与效果

（一）大数据在业务监控与分析中的应用

随着大数据技术的不断发展，其在文化馆业务监控与分析中的应用越来越广泛。大数据技术的应用能够为文化馆提供全面的数据支持和深入的分析，为文化馆的管理决策提供重要依据。首先，大数据技术可以从多个维度收集和分析文化馆的运营数据，包括参观人数、展览评价、票务销售、观众反馈等。通过实时收集和分析这些数据，管理人员可以实时了解文化馆的运营状况，包括场馆的使用率、展览的受欢迎程度、观众的满意度等重要信息。这些数据可以为文化馆的业务监控提供实时的数据支持，帮助管理人员及时调整业务策略和运营方式。其次，大数据技术可以通过数据挖掘和数据分析的方法，挖掘出文化馆的潜在问题和需求。通过对大量数据的分析，可以发现文化馆的潜在用户群体、用户偏好、市场趋势等信息，从而为文化馆提供更加精细化的服务。例如，通过对参观人数和展览评价数据的分析，可以得出参观者对不同类型展览的喜好和需求，从而针对不同用户群体推出更有吸引力的展览活动。同时，还可以通过对票务销售数据的分析，了解不同时间段和不同票价的销售情况，为文化馆的票务设置和定价提供参考依据。这些数据分析结果可以帮助管理人员制定更

加精准的市场营销策略，提高观众的满意度和忠诚度。除了数据分析和挖掘，大数据技术还可以通过数据可视化的方式，将复杂的数据呈现为直观且有吸引力的图表和图像。通过数据可视化，管理人员可以更加直观地了解文化馆的业务状况和运营情况。同时，数据可视化也可以帮助管理人员发现数据之间的关联和规律，进一步优化文化馆的业务流程和决策策略。最后，大数据技术还可以与其他先进的技术手段相结合，如人工智能、物联网等，实现更加智能化、自动化的业务监控和分析。例如，可以利用人工智能技术对观众反馈进行智能分析和预测，提前发现潜在的问题和需求；可以利用物联网技术实时监测场馆环境和设施，及时发现并解决潜在的安全隐患等问题。通过这些技术手段的结合应用，可以实现更加高效、智能的业务监控和分析，为文化馆的管理决策提供更加准确、可靠的依据。

（二）大数据在业务决策与优化中的应用

大数据技术在文化馆业务决策与优化中的应用，能够帮助管理人员更加科学地制定决策和优化业务流程。首先，大数据技术可以通过对大量历史数据的分析，预测未来的发展趋势和需求变化。通过对用户的历史数据进行分析，可以了解用户的需求和偏好，从而为文化馆的产品创新和业务发展提供参考。例如，通过对过去几年参观人数变化趋势的分析，可以预测未来的参观人数变化，从而帮助文化馆制定展览计划和资源配置。其次，大数据技术可以通过数据分析和决策模型的构建，为管理人员提供决策支持。通过对大量数据的分析，可以挖掘出数据之间的关联和规律，从而帮助管理人员更好地理解业务现状和未来发展方向。此外，通过构建决策模型，可以模拟不同业务策略的效果，帮助管理人员评估和选择最优的业务决策。例如，通过模拟不同定价策略的效果，可以帮助管理人员确定最佳的票价水平，收益最大化。最后，大数据技术还可以帮助文化馆优化业务流程和提高运营效率。通过对运营数据的分析，可以发现业务流程中的瓶颈和优化空间，从而帮助文化馆改进业务流程，提高运营效率。例如，通过对入馆流量和展览时长的分析，可以确定最佳的展览安排和人员配置，提高参观者的流动性和参观体验。同时，可以根据数据分析的结果进行排队策略的制定，使游客在排队等待时间上得到更好的体验。此外，大数据技术还可以帮助文化馆进行市场分析和收集竞争对手情报。通过对市场数据的分析，可以了解消费者的需求和趋势，从而优化产品定位和市场营销策略。同时，可以通过对竞争对手的数据分析，了解其产品和服务的特点和竞争优势，从而制定更有竞争力的策略。通过这些方式，文化馆可以更好地适应市场变化，提高竞争力和市场份额。

三、业务管理中存在的问题与对策

（一）业务管理中存在的问题分析

在文化馆的业务管理中，存在着一些问题，这些问题对文化馆的正常运营和提供优质的文化服务产生了重大影响。一是人员管理问题。文化馆作为一个大型机构，拥有众多工作人员，他们的专业素质和服务态度直接影响到文化馆的业务质量和公众满意度。然而，现有的人员管理制度和流程存在一些瑕疵。一方面，人员的选拔和培训不够严格，导致一些不合格的人员进入文化馆岗位，影响了文化馆的整体形象和服务水平。另一方面，文化馆缺乏激励机制，难以激发员工的工作积极性和创新能力。这种情况不仅影响了员工的工作效率和服务质量，还可能导致人才流失和团队稳定性等问题。二是信息管理问题。文化馆是一个信息密集的机构，需要收集、整理和存储大量的信息，包括各种文档、数据、图片和视频等。然而，目前文化馆的信息管理系统存在一些问题。信息采集和整理的流程不够高效，导致信息更新不及时和信息质量不高的问题。同时，信息的存储和使用没有得到很好的规范和管理，可能导致信息的重复、过期和丢失，给文化馆的业务运营和管理带来很大的困扰。三是活动策划与执行问题。文化馆的核心业务之一就是组织形式多样的文化活动，包括文艺演出、展览、讲座、培训等。然而，目前存在着活动策划缺乏创新性和针对性，导致一些活动的吸引力和影响力不强；同时，活动执行缺乏组织和协调，可能导致活动效果不理想和资源浪费的问题。四是财务管理问题。文化馆的财务管理是文化馆正常运营和发展的支撑和保障，然而目前存在一些问题。一方面，财务管理流程不够规范和透明，可能引发财务违规和资源浪费的问题；另一方面，文化馆的财务预算和监控机制不够完善，可能导致财务风险和亏损的风险。为了解决这些问题，需要建立健全的财务管理制度，提高财务人员的专业素质，加强财务监管和预算执行力度，以确保义化馆财务状况稳定和健康发展。

（二）业务管理的改进与创新对策

在面对一系列业务管理问题时，对文化馆的业务管理进行改进和创新是至关重要的。一是人员管理方面的改进与创新。文化馆需要建立完善的人才选拔和培训机制。招聘和选拔流程必须公平、严格，确保只有具备相关专业知识和丰富经验的人员才能进入文化馆岗位。此外，文化馆应注重员工的培训和发展，提供持续的学习机会，以激发员工的工作积极性和创新能力。通过设立明确的职业发展路径和激励机制，可以吸引并留住优秀的人才。文化馆需要建立有效的员工评估体系，以公正地评价员工的工作表现和贡献。这包括定期的绩效评估、反馈和指导，以帮助员工提高他们的能力和效率。对于表现优秀的员工，文化馆应给予适当的奖励和晋升机会，以激励他们继续努力。二是信息管理方面的改进与创新。随着信息技术的快速发展，文化馆应积极引进先进的信息技术，如大数据、人工智能等，以提升信息管理的效率和质量。通过建立高效的信息采集、整理和存储系统，确保信息的及时更新和高质量。同时，应加强对信息管理人员的培训和管理，提高他们的专业水平和责任心，以确保信息的安全和有效使用。三是活动策划与执行方面的改进与创新。为了提升文化馆的业务水平，需要加强对活动策划的研究和调研，了解市场需求和观众喜好，提出有创新性和针对性的活动策划方案。在活动执行过程中，应建立高效的活动执行机制，加强对活动组织和协调的管理，确保活动能够按照计划顺利进行，并取得预期的效果。为了提高活动的质量和影响力，文化馆可以与相关机构和业界人士保持紧密的合作关系，共同策划和组织各种类型的活动。四是财务管理方面的改进与创新。规范和透明的财务管理流程是文化馆业务管理的重要组成部分。这包括对财务活动的全面监控和管理，确保财务活动的合规性和规范性。完善财务预算和监控机制，对潜在的财务风险进行及时的预警和干预，有助于提高文化馆的财务稳定性和盈利能力。同时，加强财务管理人员的培训和管理，提高他们的专业素养和责任感，以确保财务信息的准确性和可靠性。

（三）业务管理的持续改进与优化方法

在文化馆的业务管理中，持续改进和优化是一个重要的目标。为了实现这一目标，需要采取一系列的方法和措施。首先，建立监测与评估机制是至关重要的。文化馆应该建立一套完整的监测与评估机制，定期对业务管理进行全面的评估。这一机制应该包括各种方法和工具，例如定期的报告、数据分析和绩效评价等。通过这种方式，可以及时发现问题和改进的空间，并据此制定相应的改进方案。此外，还需要定期进行反馈和调整，以确保改进方案能够真正发挥作用。其次，建立持续改进的文化理念是必不可少的。持续改进文化意味着鼓励员工提出改进意见和创新思路，并积极落实这些意见和思路。这种文化应该成为文化馆工作的一部分，让员工感到他们的工作是有价值的，并且他们的贡献是被重视的。通过这种方式，可以激发员工的积极性和创造力，推动业务管理的不断提升和优化。同时，也不能忽视员工的专业能力和综合素质的培养。为了实现业务的持续改进和优化，需要建立一支高素质、高技能的员工队伍。因此，文化馆应该提供学习和发展的机会，帮助他们不断提升专业能力和综合素质。这可能包括定期的培训、研讨会、经验交流等活动，鼓励员工自我学习和提升。此外，推行信息化管理是业务管理持续改进和优化的重要手段。随着信息技术的快速发展，信息化管理已经成为许多行业的重要趋势。文化馆也应该加强信息化管理，利用先进的信息技术和管理工具来优化业务管理流程和提高工作效率。例如，文化馆可以引入文化馆管理系统，实现信息共享、流程化管理和数据分析，从而提高决策的科学性和准确性。通过这种方式，可以更好地管理文化馆的资源和资产，提高文化馆的工作效率和质量。最后，加强合作与交流是实现业务管理持续改进和优化的重要途径。在文化馆的业务管理中，与其他文化机构和行业组织建立合作关系是非常有价值的。通过与其他文化机构的交流和合作，可以学习借鉴其他机构的先进管理经验，推动业务管理的创新与优化。此外，还可以通过共享资源和经验，共同开展合作项目和交流活动，实现互利共赢。

第五章　大数据在文化馆用户服务中的应用

一、用户服务的定义与重要性

用户服务的定义与重要性在文化馆运营中扮演着重要的角色。用户服务的概念与特点使文化馆为用户提供个性化、多样性和专业性的服务。这种服务不仅可以增加用户的满意度和忠诚度，还能够体现文化馆的价值，提升社会形象和知名度。然而，用户服务所面临的问题与挑战也不容忽视，包括用户需求的多样化和个性化、专业知识和技能支持的需求、信息技术的发展等。为了提供更好的用户服务，文化馆需要不断改进自己的服务方式，提升专业能力，充分利用外部资源，以满足用户的需求和期望。

（一）用户服务的概念与特点

用户服务，从广义上讲，是指为用户提供便利、满足其需求和期望的一系列行动和措施。这是一种以用户为中心的服务理念，旨在通过提供高质量的服务，使用户得到更好的体验和满意度。在文化馆这一特定领域中，用户服务则特指为文化馆的用户群体提供参观、阅资料、参与活动等方面的服务。这些服务旨在满足人们在文化、娱乐、学习等方面的需求，提高人们的文化素养和生活质量。用户服务的特点主要体现在三个方面。

第一，个性化服务是用户服务的重要特点之一。这是因为每个用户的需求和特点都不尽相同，因此，提供个性化的服务才能更好地满足他们的需求。在文化馆中，个性化服务体现在对用户需求的深入了解和把握上。比如，针对年轻人群体，可以提供一些时尚、流行的文化活动；而对于老年人群体，则可以提供一些传统、经典的文化活动。通过对用户需求的深入分析，可以为不同的用户群体量身定制合适的服务，从而提高用户的满意度和忠诚度。

第二，多样性是文化馆用户服务的另一个重要特点。这是因为文化是一种多元化的现象，包括不同的领域和形式。因此，在文化馆中，提供多样化的文化服务和活动是吸引用户的关键。这既包括各种类型的展览、演出、讲座等传统文化活动，也包括数字化的文化资源和服务。通过丰富多样的文化活动和资源，可以满足用户在文化方面的需求，使用户在文化馆中得到充分的满足和享受。

第三，专业性是文化馆用户服务的又一个重要特点。这是因为文化服务需要有专业的知识和技能支持，才能保证服务的质量和效果。在文化馆中，专业性体现在以下几个方面。首先，文化馆的工作人员需要具备一定的专业知识，比如对历史、艺术、文学等方面的了解。这样才能更好地为用户提供专业的指导和服务。其次，文化馆还需要具备一定的专业技能，比如组织、策划、协调等能力。这样才能有效地组织和实施各种文化活动，为用户提供高质量的服务。最后，文化馆还需要提供专业的设施和设备，比如图书馆、展览馆、演出厅等。这样才能为用户提供舒适、便捷的文化环境，提高用户的文化体验。

（二）用户服务的重要性

用户服务在文化馆中具有极其重要的作用。首先，用户服务充当着文化馆与用户之间的纽带，通过提供卓越的服务，文化馆能够吸引并留住用户，提高他们的满意度和忠诚度。文化馆作为服务提供者，需要关注用户需求，根据用户的反馈和意见不断优化服务，确保用户得到最佳的体验。只有通过不断提升服务质量，文化馆才能在激烈的竞争中脱颖而出。其次，用户服务是文化馆展现其价值的重要方式之一。文化馆所提供的文化资源和活动，不仅是满足用户对学习、娱乐和体验的需求，也是为了向社会传递知识和文化的精髓。文化馆通过丰富多样的展览、讲座、演出等方式，为用户提供深入了解和领略文化的机会。通过这些丰富的文化体验，用户将对文化馆产生认同感，进而更加重视和支持文化馆的发展。同时，文化馆也能通过这种方式，将文化价值观传递给更多的人，为社会的文化建设做出积极贡献。另外，用户服务也有助于提升文化馆的社会形象和知名度。优质的服务和良好的用户体验，会使用户对文化馆产生良好的印象，并愿意主动推荐给他人。通过口碑传播，文化馆的知名度将逐渐扩大，吸引更多的用户关注和参与。在当今信息高度发达的社会，用户的评价和推荐对于文化馆的形象塑造具有重要影响力。只有确保用户满意，并能够传递积极的口碑，文化馆才能够获得更大范围的社会认可和赞誉。然而，要想实现优质的用户服务并不是一件容易的事情。首先，文化馆需要根据用户需求不断完善自身的服务体系。通过市场调研和用户反馈，文化馆可以了解用户的需求和期望，从而针对性地改进和创新服务。其次，文化馆需要加强员工的培训和素质提升。员工是用户服务的重要执行者，他们的专业能力和服务态度将直接影响用户的体验和满意度。文化馆应该注重培养员工的沟通技巧、专业知识和服务意识，使其能够更好地与用户进行互动和交流，并提供个性化的服务。最后，文化馆还可以借鉴先进的用户服务案例和经验，从中学习和吸取有益的经验，不断提升自身的服务质量。

（三）用户服务中存在的问题与挑战

在当今的用户服务环境中，存在着许多复杂的问题和挑战，这些因素对于提供优质的用户服务起着至关重要的作用。第一，用户需求的多样化和个性化是当前面临的一大挑战。随着社会的进步和人们生活水平的提高，用户对于文化服务的需求不再仅仅局限于传统的形式，而是更加注重个性化和定制化的体验。这种需求的多样化使得用户服务需要更加灵活和具有差异化，以满足不同用户群体的不同需求。文化馆需要不断了解用户需求的变化，并及时进行调整和改进，以确保提供的服务能够满足用户的需求。第二，提供高质量的用户服务需要专业知识和技能的支持。用户服务不仅涉及文化领域的知识，还涉及活动策划与组织、市场营销、公共关系等多个方面的专业知识。因此，文化馆需要具备一支高素质的专业团队，他们需要具备丰富的行业经验和专业技能，能够为用户提供专业、全面、高效的服务。第三，信息技术的发展也为用户服务带来了新的挑战。随着信息技术的迅猛发展，数字化、网络化、智能化的服务方式逐渐成为主流。用户对于在线服务和数字资源的需求也在增加，他们希望通过更加便捷和多样化的方式获取文化信息和服务。因此，文化馆需要不断更新和完善自己的服务方式，提高技术水平，提供更加便捷、高效、多样化的服务方式，以满足用户的需求。第四，资源和经费的限制也是用户服务中一个不可忽视的问题。文化馆需要提供各种文化资源和活动，但是受到资源和经费的限制，有时无法满足用户对于多样化和高质量服务的需求。为了解决这个问题，文化馆需要通过与其他机构和社区的合作，充分利用外部资源，实现资源的共享和互补，从而提供更加丰富和多样化的服务，同时也能够减少自身的经费压力。此外，在竞争激烈的市场环境中，文化馆还需要应对其他机构和企业的竞争压力。为了在竞争中脱颖而出，文化馆需要不断创新和改进，提高自身的竞争力和吸引力。

二、大数据在用户服务中的应用方式与效果

在当今信息时代，大数据作为一种强有力的工具，正逐渐深入各个行业和领域中，发挥着越来越重要的作用。文化馆作为文化传播的重要场所，也需要紧跟时代潮流，运用大数据技术来提升用户服务质量。

（一）大数据在用户需求分析与预测中的应用

用户需求分析被视为文化馆提供优质服务的前提和关键。通过大数据技术的应用，可以对用户的行为、喜好和需求进行深入挖掘和分析，从而更准确地把握用户的真实需求，并为用户提供更加精准和个性化的服务。在传统的用户需求分析中，仅凭借有限的数据资源，难以全面了

解用户的需求。而大数据技术的出现，提供了强有力的支持和解决方案。第一，大数据技术能够帮助收集和整合用户的基本信息，例如年龄、性别、职业和地域等，以便更好地了解用户的基本特征。同时，大数据技术能够通过用户在文化馆的浏览记录、活动参与情况、互动交流等信息，进一步了解用户的兴趣爱好和需求偏好。通过对这些数据进行深入挖掘和分析，文化馆可以为不同特征和需求的用户提供有针对性的服务，从而提高用户的满意度。第二，大数据技术可以帮助预测用户的需求。通过对用户历史行为数据的分析，可以发现用户的需求规律和趋势，从而提前预测用户未来的需求，以便文化馆能够提前做好准备工作，满足用户的需求。例如，通过分析历史活动参与数据，文化馆可以预测某个活动的受众群体和参与程度，从而提前做好活动策划和场地布置等工作。这样的预测有助于文化馆合理安排资源，提供更加个性化的服务。第三，大数据技术能够帮助文化馆及时调整服务策略。通过对用户实时行为的监测和分析，文化馆可以及时发现用户的需求变化，从而及时调整服务策略，满足用户的新需求。例如，通过实时分析用户在文化馆的浏览行为，发现某个展览或活动的人气较高，那么可以加大宣传力度，吸引更多用户参与。这种及时调整有助于文化馆保持与用户需求的紧密契合，提升用户的满意度和忠诚度。第四，大数据在用户需求分析与预测中的应用，不仅仅是为了提供更好的服务体验，也能够为文化馆的决策制定提供重要支持。通过大数据分析，文化馆能够更好地了解用户的需求，制定相应的战略，提供更加精准和个性化的服务。此外，大数据分析还能够帮助文化馆发现潜在用户群体，进行精准的市场定位和营销策略制定。通过将大数据技术与用户需求分析相结合，文化馆可以在服务质量和市场竞争力方面取得显著的优势。

（二）大数据在用户体验和满意度提升中的应用

文化馆作为一个服务公众的文化机构，其服务质量的高低直接关系到用户的体验感和满意度。在当前大数据时代，运用先进的数据分析技术来收集和处理用户数据，已成为提升文化馆服务质量的有效手段。首先，大数据技术在文化馆中的应用体现在对用户反馈意见的收集与分析。用户的体验过程并非孤立无援，而是可以通过多种渠道表达他们的感受和建议。这些渠道包括线上问卷调查、用户评论、投诉举报等。大数据技术能够对这些分散的、结构化和非结构化的数据进行高效整合和深入分析。通过数据挖掘和文本分析，可以识别出用户的共同问题和个别需求，从而为文化馆提供改进服务的依据。例如，如果反馈显示某项文化活动组织得不够周到，管理者就能够针对性地调整策划方案，以提高活动的吸引力和组织效率。第二，大数据技术可以帮助监测和分析用户在文化馆的实时行为。用户的浏览记录、活动参与度以及与文化馆内容的互动交流等行为信息，都是衡量用户体验的重要指标。通过对这些数据的实时监控和深入分析，可以把握用户的动态体验情况，及时发现并解决潜在的问题。例如，通过数据分析，可能会发现某个展品的观众互动率较低，这可能是因为展示方式过于传统或内容不够吸引人。在这种情况下，文化馆的工作人员就可以考虑采用更加互动和生动的方式来展示内容，如增加多媒体元素、设置互动问答等，以提升展品的吸引力和观众的参与度。第三，大数据技术在用户体验感和满意度提升中的应用还体现在个性化服务的实现上。通过收集和分析用户的历史行为数据，可以了解到用户的偏好和需求，进而提供更加个性化的服务。例如，根据用户在文化馆的浏览历史和参与活动的情况，可以为用户推荐他们可能感兴趣的展览、讲座、文化活动等。这种个性化推荐不仅能够提升用户的参与度，还能增强用户对文化馆的忠诚度和满意度。大数据技术在文化馆中的应用是一个系统工程，是从数据收集、处理、分析到决策执行的完整链条。为了实现这一目标，文化馆需要建立一套完善的数据收集和分析系统，培养具备数据敏感性和分析能力的工作人员，并制定相应的数据安全与隐私保护政策，确保用户数据的安全和隐私不被侵犯。同时，文化馆还应该定期对用户进行满意度调查，以评估服务改进的效果，并据此调整服务策略。

（三）大数据在用户参与与互动中的应用

用户参与与互动是文化馆传播文化的重要途径。通过大数据技术，可以深入了解用户的参与情况，激发用户的参与热情，提高用户的互动积极性。首先，大数据技术可以帮助收集和分析用户的参与数据。通过用户在文化馆的活动参与情况、互动交流等信息，可以了解到用户的参与热情和互动积极性，从而针对性地开展活动，提高用户的参与度。通过数据分析，可以发现某个活动的用户参与度较低的原因，可能是由于活动宣传力度不够，或者活动内容不够吸引人。针对这些问题，可以加大宣传力度，优化活动内容，提高用户的参与度。其次，大数据技术可以帮助发现和培养用户中的积极分子。通过分析用户参与数据，可以发现那些积极参与文化馆活动和互动交流的用户，他们可能是文化馆文化传播的重要力量。可以对这些用户进行重点关注和培养，鼓励他们发挥示范作用，带动更多用户参与和互动。通过大数据的帮助，可以精确找出那些对文化馆活动有热情和贡献的用户，为他们提供更多的机会，让他们更加深入地参与到文化馆的各项活动中来。最后，大数据技术可以帮助实现线上线下的联动。通过将线上线下数据进行整合和分析，可以了解用户在线上和线下的参与情况，从而实现线上线下的互动和联动，提高用户的参与度和满意度。可以通过线上平台发布活动信息，吸引用户参与；同时，也可以通过线下同步进行活动，实现线上线下的良性互动。通过大数据分析用户的线上线下参与情况，文化馆可以更加全面地了解用户的需求和喜好，从而有针对性地开展线上和线下活动，提高用户的参与度和满意度。

三、用户服务中存在的问题与对策

（一）文化馆用户服务中存在的问题分析

在当今社会，文化馆作为传播文化、提供艺术鉴赏和培养群众文化素养的重要场所，其用户服务的质量直接影响着用户的满意度和对文化馆的认可度。然而，目前许多文化馆在用户服务方面仍存在一些问题，这些问题主要表现在几个方面。一是缺乏个性化的服务。在当今这个个性化需求日益突出的时代，文化馆的用户服务也应当充分考虑到用户的个性化需求。然而，许多文化馆在接待用户时，往往采取一刀切的方式对待所有用户，没有充分考虑到用户的个性化差异，无法满足用户的不同需求。这种缺乏个性化的服务，不仅会导致用户在文化馆的体验不佳，无法得到符合自己需求的文化服务，而且也会影响到文化馆的整体形象和口碑。二是信息传递不畅。信息传递是文化馆用户服务中不可或缺的一环。它不仅关系到用户是否能及时了解各种文化活动信息，也影响着用户对文化馆的认知和信任。然而，一些文化馆在信息传递方面存在一定的问题。例如，重要的活动信息无法及时传达给用户，导致用户错过了很多宝贵的文化活动。同时，一些文化馆的官方网站或社交媒体平台更新不及时，无法提供用户所需的最新信息，这不仅影响了用户对文化馆的认知，也降低了用户对文化馆的信任度。三是缺乏互动性与参与感。互动性和参与感是增强用户黏性和提高用户满意度的重要手段。然而，许多文化馆的用户服务缺乏互动性与参与感，用户往往只能成为被动的听众或观众，无法与文化馆进行互动交流。这种单向传递的服务方式不仅无法满足用户的需求，让用户觉得冷漠和疏离，而且也会影响到用户的忠诚度。四是一些文化馆在提供用户服务时，内容相对单一，缺乏新颖的创意和多样性。这使得用户在文化馆的体验感受相对单一，无法得到各种不同类型的文化服务。这不仅会让用户感到乏味，也会影响到文化馆的吸引力。五是反馈机制不完善。有效的反馈机制是提升用户服务质量和改进用户体验的重要手段。然而，一些文化馆在用户服务中存在着反馈机制不完善的问题，用户往往难以向文化馆反馈意见和建议，无法主动参与文化馆的建设和提升。这不仅会影响到用户的参与感和满意度，也会影响到文化馆的持续发展。

（二）文化馆用户服务的改进与创新对策

针对以上存在的问题，为了改进和提升文化馆的用户服务质量，需要采取一系列的改进与创新对策。一是建立个性化的服务机制。文化馆应考虑到用户的不同需求和兴趣，提供个性化的服务。可以通过用户注册、问卷调查等方式获取用户信息，然后根据不同用户的需求提供差异化的文化服务，满足不同用户的兴趣爱好。比如，对于喜爱历史的用户，可以提供专门的历史展览和讲座；对于喜欢音乐的用户，可以定期举办音乐会和演奏会。二是加强信息传递的及时性与全面性。文化馆需要建立完善的信息传递机制，确保重要的活动信息能够及时传达给用户。可以通过短信、邮件、手机应用等多种方式向用户发送信息，提醒他们参加文化活动。同时，需要加强对官方网站和社交媒体平台的管理和更新，保证信息的及时性和准确性。可以设置专门的工作人员负责信息的汇总和发布，确保重要信息不会被遗漏或延迟。三是增加互动性与参与感。文化馆应该通过举办互动活动、参观讲解、交流座谈等方式，与用户进行互动交流。可以设置问答环节，让用户有机会提问和分享自己的经验和观点，增加用户的参与感。同时，文化馆可以开展志愿者培训，让用户成为文化馆的志愿者，参与到文化馆的管理和运营中。通过这种方式，用户不仅能够更深入地了解文化馆，还能够参与到文化活动的策划和组织中，增强他们的归属感和参与感。四是注重创新与多样性。文化馆可以通过创新的方式丰富用户服务内容。可以邀请艺术家进行专场表演，开设特色展览，举办文艺演出等，提供多样化的文化体验。同时，文化馆可以与其他机构合作，举办联合活动，为用户提供更加丰富多样的文化服务。比如，与附近的博物馆、艺术学校、图书馆等合作举办联展、联演等活动，为用户带来更加多元化的文化体验。五是完善用户反馈机制。文化馆应建立用户反馈渠道，让用户可以随时向文化馆反馈意见和建议。可以设置专门的反馈邮箱、电话热线等，方便用户提出意见和建议。同时，需要确保文化馆能够及时回复用户的反馈，积极采纳用户的建议，不断改进和优化用户服务。可以设立专门的用户服务部门，负责收集、整理和回复用户的反馈，并定期进行用户满意度调查，了解用户的需求和意见，进一步提升用户服务质量。通过采取以上改进与创新对策，文化馆能够更好地满足用户的需求，提升用户的满意度。这样不仅能够吸引更多的用户，还能够加强与用户的互动和联系，提高文化馆的影响力和社会地位。同时，通过与其他机构合作举办创新的文化活动，还能够为用户提供更丰富多样的文化体验，提升用户对文化馆的认知和支持。

（三）文化馆用户服务的持续优化与提升方法

文化馆用户服务的持续优化与提升是一个不断和持久的过程，需要文化馆持续关注用户需求和市场变化，不断改进和提升用户服务。第一，为了了解用户对文化馆服务的评价和意见，文化馆可以定期组织用户满意度调查。这样可以收集到用户的反馈信息，包括他们的满意度、意见和建议。调查可以使用问卷调查、个别用户访谈等方式进行，确保获得全面和准确的数据。随后，文化馆需要进行数据分析和整理，找出存在的问题和改进的方向。比如，如果有大量用户表示对服务质量不满意，那么文化馆可以针对这个问题采取相应的改进措施，提高服务质量。第二，为了提升用户服务的质量，文化馆应该注重培训和素质提升。员工是文化馆服务的关键，他们的专业素质和服务意识直接影响用户的体验和满意度。文化馆可以邀请专业培训机构进行培训，针对性地提高员工的服务能力。培训内容可以包括专业知识、沟通技巧、服务态度等方面。同时，文化馆可以设立奖励机制，激励员工积极提供优质的用户服务。通过培训和奖励，文化馆可以不断提升员工的工作能力和服务水平。第三，为了开拓思路和提升服务水平，文化馆应该加强合作与交流。合作和交流可以帮助文化馆借鉴其他机构的优秀经验和做法，共同提升用户服务水平。文化馆可以与其他文化机构、学术研究机构、企业等展开合作和交流。可以组织行业研讨会、学术讲座等活动，促进各方的交流和学习。通过与其他机构的合作，文化馆可以学习到先进的管理经验、创新的展示方式等，不断提升自身的服务质量。第四，利用技术手段也是提升用户服务质量的重要手段。文化馆可以利用互联网和现代技术手段提升用户服务质量。可以开发文化馆手机应用程序，方便用户获取信息和参与活动。通过手机应用程序，用户可以随时随地了解到文化馆的最新情况和展览信息。同时，文化馆可以利用大数据分析用户需求，提供个性化的推荐服务。通过分析用户的兴趣和偏好，文化馆可以向用户推荐符合他们口味的展览和文化活动。此外，文化馆还可以通过虚拟现实、增强现实等技术改变用户参观体验，提供更加丰富和沉浸式的文化服务。例如，利用虚拟现实技术，用户在家中就能够参观博物馆的展览，获得身临其境的感受。第五，文化馆应该不断创新和改进用户服务内容和形式。创新是提升服务质量的重要途径。文化馆可以通过举办创意类展览、开设特色活动等方式创新用户体验。特色活动可以吸引更多的用户，提高用户的参与度和满意度。另外，文化馆可以建立创新工作室，鼓励员工提出创新的想法和建议，推动文化馆的创新和发展。通过创新，文化馆可以不断吸引用户的兴趣，提供更加多样化和个性化的文化服务。

四、未来用户服务的趋势与展望

随着科技的不断进步和社会的发展，未来文化馆用户服务将朝着更加便捷和个性化的方向发展。第一，未来文化馆用户服务将更加数字化。随着数字技术的快速发展，越来越多的文化馆开始将数字化技术应用于用户服务中。数字技术为文化馆提供了更多的可能性，如通过在文化馆内建设智能导览系统，用户可以通过手机应用程序或者触摸屏幕获取展览内容，了解展品背后的故事。这一变革将极大地方便用户，使他们无需排队等待或询问工作人员即可获得所需信息。此外，文化馆还可以利用虚拟现实技术为用户提供更生动的体验。通过虚拟现实眼镜，可以让用户仿佛置身于古代宫殿或历史事件中，这将极大增强参观者的沉浸体验感，使他们对展览有更深的理解和感受。第二，未来文化馆用户服务将更加个性化。随着社会的个性化需求不断增加，文化馆将更加注重满足用户的个性化需求。为了实现这一目标，文化馆将借助数据分析和智能算法，深入了解每位用户的兴趣和偏好，并根据他们的需求提供个性化的展览推荐和参观路线。这种个性化的服务将使每位用户都能找到符合自己兴趣和需求的展览，从而提高他们的满意度和参与度。同时，文化馆还可以开展用户参与活动，如让用户参与展览创作或者参与文化馆的决策过程。这样的活动将增强用户的参与感和归属感，使他们更加愿意与文化馆建立长期的联系。第三，未来文化馆用户服务将更加互动化。传统的文化馆用户服务往往是单向的，用户只能被动地观看展览。而未来文化馆将更加注重用户互动和参与。通过互联网和社交媒体平台，文化馆可以与用户进行更紧密的互动交流，例如开展线上讲座、在线展览等活动。这些活动将使用户能够随时随地了解和参与展览，打破时间与空间的限制。此外，文化馆还可以开设工作坊和互动展览，让用户能够亲身参与到展览的创作过程中。这些互动性强的活动将使用户留下更深刻的印象，增强他们对展览的认知和理解。第四，随着人工智能和机器学习技术的发展，未来文化馆的用户服务还将进一步提高智能化水平。例如，通过机器学习算法，文化馆可以不断优化智能导览系统的推荐算法，提高推荐的准确性和相关性。同时，人工智能技术还可以用于自动识别用户的兴趣和需求，提供更加个性化的服务。

随着社会的发展和人们对于文化需求的不断提升，未来文化馆用户服务将面临更高的要求和挑战。为了满足这些需求，需要从多个方面进行创新，以提供更加优质、高效、个性化的服务。一是创新展览形式。传统的文化馆展览形式往往以静态的展品为主，展示方式相对单一。然而，随着新兴技术的发展，可以尝试利用增强现实（AR）技术、全息投影技术和人工智能（AI）技术等创新展览形式，为参观者带来更加生动、有趣的参观体验。例如，增强现实技术可以让用户在参观展览时与虚拟角色进行互动，或者让用户通过手机或其他设备，观察到展品的 3D 模型或视频。还可以利用全息投影技术，创造出逼真的虚拟展品，让用户仿佛置身于展览场景之中。此外，还可以借助 AI 技术，打造出与用户进行实时交流的智能机器人，为用户提供更加便捷、个性化的服务。这些新兴技术的应用，不仅可以吸引更多的用户参观展览，还可以提高展览的互动性和参与性。二是创新交互方式。传统的文化馆用户服务往往是通过文字、图片、音频等方式进行展示和解读。然而，随着科技的进步和人们对于互动体验的追求，需要引入更多的交互方式，以提供更加丰富、多样化的服务。例如，可以通过触摸屏幕、语音识别、手势控制等方式与用户进行交互。这些技术可以让用户更加自由地选择他们感兴趣的展品，并通过自己的方式进行参观和了解。此外，还可以通过建立线上社区等方式，让用户能够分享自己的参观体验和感受，与其他用户进行交流和互动。这样的交互方式不仅可以提高用户的参与度和满意度，还可以促进文化馆与用户之间的互动和交流。三是创新参与方式。为了提高用户的参与感和归属感，未来文化馆可以通过开展各种参与活动，让用户参与其中。例如，可以组织用户参与的展览创作比赛，鼓励用户创作展品或者展览内容。这样的活动不仅可以激发用户的创造力和想象力，还可以提高用户的参与度和满意度。另外，文化馆还可以开设工作坊，邀请用户参与到展览的筹备过程中，让用户能够亲身体验展览背后的工作。这样的工作坊不仅可以提高用户的参与感和成就感，还可以增强文化馆与用户之间的互动和交流。此外，还可以通过开展讲座、研讨会、论坛等活动，邀请专家、学者和公众人士共同探讨文化、艺术、历史等话题，促进文化的交流和传播。

为了实现未来文化馆用户服务的发展目标，需要在以下几个重点任务上下功夫。第一，在提升数字化技术应用水平方面，文化馆需要加大对数字化技术的研究和应用力度，建设智能导览系统、虚拟现实技术等，为用户提供更便捷和丰富的数字化体验。智能导览系统可以为用户提供详细的展览信息、导览路线和讲解，让用户更轻松地了解展览内容；虚拟现实技术可以让用户身临其境地参观展览，与艺术作品互动。这样的技术应用不仅可以提升用户体验，还可以吸引更多年轻一代的用户。第二，在加强数据分析和智能算法的应用方面，文化馆需要收集和分析用户数据，了解用户的兴趣和需求，从而为用户推荐个性化的展览和参观路线。通过利用智能算法和人工智能技术，文化馆可以根据用户的浏览历史、兴趣偏好和社交媒体行为等数据，预测用户可能感兴趣的展览主题，并推送相关内容给用户。此外，文化馆还可以通过数据分析，了解参观者对展览的反馈和评价，以便进一步优化用户服务和展览设计。第三，在加大与社交媒体平台的合作方面，文化馆可以与知名的社交媒体平台合作，开展在线讲座、展览直播等活动，以引起更多用户的关注和参与。通过在社交媒体上宣传展览信息、提供互动方式，吸引用户分享和交流，可以扩大展览的影响力和用户参与度。此外，文化馆还可以利用社交媒体平台进行用户反馈的收集和互动，了解用户的意见和建议，及时优化用户服务和展览安排。借助社交媒体平台的力量，文化馆可以更好地与用户互动，提升用户参与感和满意度。第四，在加强人才培养和团队建设方面，文化馆需要培养一支具有创新意识和专业能力的团队。这样的团队应具备数字化技术的专业知识和技能，能够应对未来文化馆用户服务的需求和挑战。为了提升团队成员的专业水平和创新能力，文化馆可以举办培训班，邀请专家指导，组织团队间的知识分享和学术讨论。此外，文化馆还可以鼓励团队成员参与国内外的学术交流和研讨会，提升其专业视野和创新思维。通过这些举措，文化馆能够培养一支高素质、高水平的团队，为未来文化馆用户服务的发展提供坚实的人才基础和支持。

第六章　文化馆服务模式创新

一、传统服务模式的挑战与变革

（一）传统服务模式的特点与局限性

在深入探讨文化馆传统服务模式的挑战与变革之前，必须首先对其特点与局限性有一个全面而深刻的理解。文化馆的传统服务模式，一直以来都是以线下服务为主导，依托实体场所、面对面的直接交流和纸质资料等手段，向公众提供文化服务。这种服务模式，以其独特的人际互动和亲切感，赢得了公众的广泛赞誉。然而，模式本身的局限性也是显而易见的。首先，传统服务模式在时间和空间的限制下运作。由于文化馆实体场所面积有限，这直接影响了服务的容纳能力。尤其是在举办大型活动或讲座时，场地的大小往往成为制约因素。同时，线下活动的开展往往需要提前安排时间，这使得文化馆在服务的时间选择上存在一定的局限性。公众可能因为时间冲突而错过某些活动，这无疑限制了文化馆服务的影响力和覆盖面。传统服务模式在信息传播方面也存在一定的局限性。依赖于纸质资料和面对面的交流方式，信息的更新速度和传播范围都受到了限制。在数字化日益普及的今天，这种局限性尤为突出。纸质资料的制备和分发需要大量时间和人力资源，而且一旦发布，修改和更新都非常困难。面对面的交流虽然直接，但只能局限于现场，无法满足远程或异地的需求。此外，传统服务模式在资源整合和利用方面面临着挑战。由于文化馆的资源有限，它很难满足公众日益多样化的文化需求。尤其是在资源配置和利用上，效率低下的问题尤为明显。资源的分配往往依赖于文化馆工作人员的主观判断，这可能导致某些资源得不到充分利用，而某些需求又得不到满足。

传统服务模式的固有特点与局限性，使得其在新时代背景下显得相对滞后，这使得传统服务模式面临着变革的压力。这种变革的压力来自新时代对文化馆服务的新要求，要求能够更有效地服务公众，同时提供更为个性化的服务体验。在这个过程中，文化馆必须积极寻求新的服务模式，以突破其局限性，更好地满足公众的需求。在新时代背景下，为了适应社会的发展，文化馆需要引入新的技术和理念，以此来改变传统服务模式，同时维持其传统优势。这需要在保持文化馆传统优势的基础上，积极引入新技术，创新服务方式，以实现更广阔的服务范围、更高效的信息传播和更优化的资源配置。一是利用数字技术拓宽服务渠道，实现线上服务。通过文化馆建立的官方网站、微信公众号等平台，公众可以随时随地获取文化馆的信息，参与线上活动。这样，不仅可以突破时间和空间的限制，实现服务的全天候、全方位覆盖，还可以通过线上活动吸引更多的公众参与，扩大文化馆的影响力。二是通过信息技术提高信息传播的效率。通过数字化的方式，可以快速地制备和分发资料，实时更新信息。同时，公众也可以通过网络平台即时获取所需信息，无须受时间和地点的限制。这样的服务模式不仅可以提高信息传播的速度和效率，还可以增强公众对文化馆的信任度和满意度。三是可以利用大数据技术优化资源配置。通过对公众需求的数据分析，可以更准确地了解公众的需求，有针对性地提供服务。同时，大数据技术还可以帮助监测和评估服务的效果，以便不断优化和改进。通过这种方式，可以更好地了解公众的需求和反馈，从而调整服务策略和资源配置。四是通过人工智能技术实现个性化服务。通过分析公众的行为数据和兴趣爱好，可以为每个公众提供个性化的服务推荐和活动策划。这样不仅可以提高公众的满意度和参与度，还可以节省服务成本和资源。同时，为了实现更高效的资源分配和管理，还需要建立一个智能化的管理系统。这个系统可以通过大数据分析和机器学习技术，实时监测和评估各个部门和项目的效果，并根据数据反馈进行及时的调整和优化。

（二）传统服务模式的挑战与问题

随着科技的飞速发展，尤其是互联网技术的普及，文化馆的传统服务模式正在面临着前所未有的挑战。这种挑战不仅来自于科技的发展，也来自于公众对文化服务需求的不断变化。第一，互联网技术的普及使得公众获取信息的渠道更加多样化。过去，公众主要通过线下渠道，如文化馆、图书馆等获取各类文化信息。而现在，人们可以通过手机、电脑等设备随时随地获取信息，不受时间和地点的限制。这种变化对传统线下服务模式形成了强烈的冲击，因为传统模式下，人们必须亲自到场才能享受服务，这在很大程度上限制了服务的覆盖面和效率。第二，随着社会生活节奏的加快，公众对文化服务的需求也发生了变化。人们不再满足于单一、标准化的服务，而是希望服务更加多样化、个性化。例如，他们可能希望在特定的时间段内获得特定的文化服务，或者希望通过特定的渠道获得个性化的文化推荐。然而，传统服务模式在满足这些需求方面存在明显的不足，往往只能提供标准化、统一化的服务，无法满足公众的个性化需求。第三，传统服务模式在管理、运营等方面也面临着一系列问题。首先，管理手段相对单一，往往只能依靠人工管理，效率低下，且容易出错。其次，服务质量难以保证，由于缺乏有效的监督和反馈机制，服务质量的好坏往往只能依靠公众的反馈和评价，缺乏持续改进的动力。第四，随着社会的发展，公众对文化服务的需求也在不断提高。他们不仅需要高质量的文化产品和服务，还需要在享受服务的过程中感受到尊重和满足。然而，传统服务模式往往只关注服务的提供，而忽视了公众的感受和需求，这无疑影响了公众对文化服务的满意度。第五，从经济角度来看，传统服务模式也需要面对成本压力。一方面，运营成本的不断上升需要文化馆投入更多的资金来维持服务；另一方面，由于缺乏有效的用户数据和消费行为分析，难以实现精准营销和个性化定价，导致资源浪费和收入增长困难。

（三）传统服务模式的变革需求与原则

面对传统服务模式存在的问题，文化馆服务模式的变革已成为必然趋势。变革的需求主要体现在几个方面。首先，拓展服务渠道的需求是非常明显的。在当今信息化社会，文化服务不应再被时间和空间的限制所束缚。为了应对这个挑战，文化馆需要将线上线下相结合的方式作为主要手段，为公众提供更为便捷和灵活的文化服务。这意味着文化馆需要创建数字化的服务平台，例如在线展览、在线讲座、在线演出等，同时也需要加强实体文化馆的建设，提供面对面的交流和体验。通过这种方式，文化馆可以打破地域和时间的限制，将服务范围扩大到更广大的地区，同时也提高了服务的时间效率。其次，创新服务方式的必要性也十分突出。随着科技的进步，大数据、云计算、人工智能等现代科技手段已经深入各个领域，文化服务也不例外。运用这些现代科技手段，文化馆可以更准确地了解公众的需求，为他们提供更具有针对性和实效性的文化服务。例如，通过大数据分析，文化馆可以了解到公众对某个艺术形式的偏好程度，从而增加相应内容的展览和讲座；通过云计算，文化馆可以实现资源的共享和信息的快速传递，提高服务的效率。再者，丰富服务内容也是文化馆面临的重要任务。随着社会的进步和人们需求的多样化，传统的文化服务已经不能满足公众的需求。因此，文化馆需要根据公众的需求，整合各类文化资源，提供多样化、个性化的文化服务。这包括但不限于提供各种艺术形式的培训和欣赏、历史文化知识的普及、各类文化活动的组织等。通过这种方式，文化馆可以满足不同公众的个性化需求，提高他们的文化素养和生活品质。最后，提高服务质量是文化馆不变的追求。为了确保公众享受到优质的文化服务，文化馆需要优化管理手段，提升服务水平。

在推进服务模式变革的过程中，文化馆需要牢牢把握以下几个原则，以确保文化馆的服务更加贴近公众需求，更好地发挥其在文化传承和发展中的作用。首先，文化馆要坚持以人民为中心。这一点的核心是以公众需求为导向，关注公众的文化权益，提供更加人性化、贴心的文化服务。文化馆的服务对象是公众，因此，文化馆必须把公众的需求放在首位，深入了解他们的文化需求，关注他们的文化体验，以此来提供更加符合他们期待的服务。这就需要文化馆进行深入的调研，通过各种方式收集公众的意见和建议，了解他们对文化的需求和期待。在此基础上，文化馆可以根据不同群体的特点，提供更加多样化的文化服务，比如针对老年人、未成年人、残疾人等特殊群体，提供更加细致、贴心的服务。其次，文化馆要坚持创新发展。创新是推动文化馆服务模式变革的重要动力。在当前这个时代，科技日新月异，人们的生活方式也在不断变化，这就要求文化馆在服务模式上也要不断创新，以适应这些变化。文化馆需要勇于突破传统思维，积极探索新的服务模式，比如利用数字技术，打造线上文化馆，让公众可以随时随地享受到文化馆的服务；文化馆可以通过举办各种文化活动，吸引更多的公众参与到文化体验中来，让文化服务更加生动、有趣。再次，文化馆要坚持统筹兼顾。文化资源的合理配置，是保证文化服务质量的重要条件。文化馆需要根据公众的需求，合理配置文化资源，既要满足大众的需求，也要关注到特殊群体的需求，做到兼顾各方，促进文化服务的公平性和均等化。这就需要文化馆在资源配置上做到科学合理，既要考虑到文化资源的数量，也要考虑到其质量，确保每一份资源都能发挥出最大的效益。最后，文化馆要坚持开放共享。文化的发展不是孤立的，需要各方面的合作和支持。文化馆需要加强与其他文化机构的合作与交流，共享文化资源，提升文化服务的整体水平。这就需要文化馆打破地域、行业的界限，积极开展合作，共享文化资源，提升文化服务的质量和水平。

二、大数据驱动下的新型服务模式探索与实践

在当今信息化、数字化的大背景下，大数据的应用已经深入各个领域，包括文化馆服务模式。大数据技术的应用，不仅为文化馆提供了前所未有的数据收集和分析能力，同时也为文化馆提供了更加精细化的服务模式。

（一）大数据在文化馆服务模式创新中的应用

大数据技术在文化馆服务模式创新中的应用是一项具有巨大潜力的领域。文化馆可以利用大数据的独特优势，获取海量的数据资源，如观众参观记录、活动报名数据和社交媒体反馈等。这些数据的分析和应用可以帮助文化馆更好地了解观众的需求和喜好，从而制定更加精准的服务策略。通过对观众参观记录的分析，文化馆可以深入了解观众的参观习惯和兴趣爱好。通过分析观众在文化馆参观的时间、频率和持续时间等数据，文化馆可以了解观众的参观偏好和访问习惯。例如，如果文化馆发现某一时间段的观众数量较多，可以推测这个时间段对观众来说更加方便或有更多吸

引力。此外，通过分析观众参观的展览或活动记录，文化馆可以了解观众对不同主题和类型的展览的偏好，从而为观众提供更加吸引人的展览和活动。例如，如果某一种类型的展览或活动获得了极高的参观和报名率，文化馆可以考虑增加类似的展览和活动。大数据还可以帮助文化馆优化资源配置，提高服务效率，降低运营成本。通过分析大数据，文化馆可以了解到某些展览或活动的关注度和参与度较高，而某些展览或活动可能没那么受欢迎。文化馆可以根据这些数据进行资源优化，增加受欢迎程度高的展览和活动的投入，减少对受欢迎程度低的展览和活动的投入。这样一来，文化馆就能更好地满足观众的需求，提升观众的满意度。同时，通过对大数据的分析，文化馆还可以了解到某些资源的使用率和消耗率，从而对资源进行合理的分配和管理。例如，如果某一区域的观众流量相对较大，文化馆可以加大在这一区域的展览和服务投入，提供更好的观众体验，同时减少在流量较低的区域的投入，降低运营成本。大数据还可以在文化馆的市场营销和推广方面发挥重要作用。通过分析社交媒体上观众的反馈和评价，文化馆可以了解观众对展览和活动的满意度，找出观众关注的热点和问题，并根据观众的反馈进行改进和优化。此外，通过大数据分析，文化馆还可以了解观众的消费习惯和购买偏好，从而制定更具有针对性的市场营销策略。例如，如果文化馆发现观众更倾向于购买套票或联票，文化馆可以推出更多的套票优惠活动，吸引更多观众购买。同时，通过创新营销手段，利用大数据进行精准营销和个性化推荐，文化馆可以提高观众的参与度和忠诚度，有效提升文化馆的知名度和品牌形象。

（二）新型服务模式的设计与实现案例

随着大数据技术的广泛应用，文化馆逐渐探索出一种新型的服务模式，旨在更好地满足观众的需求，提供更加优质、个性化的参观体验。这一新型服务模式的实施，不仅有助于提高文化馆的运营效率，也有利于增强观众的参与度和满意度。第一，文化馆利用大数据技术对观众的需求和喜好进行分析，以制定出符合观众需求的活动安排。通过收集和分析观众的参观记录、反馈意见、互动数据等，文化馆能够了解观众的兴趣爱好、文化背景、年龄层次等信息，进而制定出更加精准、有针对性的活动安排。例如，某地文化馆利用大数据技术分析了当地观众的参观记录和反馈，发现观众对于传统文化和民俗文化有着浓厚的兴趣。因此，该文化馆组织了一系列以传统文化和民俗文化为主题的活动，如书法展、剪纸艺术展、民间舞蹈表演等。第二，文化馆利用虚拟现实（VR）技术和增强现实（AR）技术，为观众提供更加丰富、生动的参观体验。这些技术的应用，为观众带来了全新的参观体验，使他们能够更加深入地了解和感受文化遗产的魅力。VR技术和AR技术可以创造出真实环境以外的参观场景，为观众提供更加真实、生动的体验。观众可以通过 VR 眼镜，身临其境地感受古代建筑的风貌，或者通过 AR 技术了解传统工艺的制作过程。这些技术不仅增强了观众的参观体验，也有助于提高观众的参与度和满意度。第三，文化馆通过社交媒体和线上平台，加强与观众的互动和沟通，提高观众的参与度和满意度。社交媒体和线上平台为文化馆与观众之间的互动提供了新的渠道。文化馆可以在平台上发布活动信息、介绍文化遗产知识、分享文化动态等，与观众进行互动和沟通。通过收集和分析观众的反馈和建议，文化馆可以不断改进和优化服务，提高观众的满意度。某地文化馆在社交媒体和线上平台积极与观众互动，收集观众的反馈和建议，不断改进和优化服务。在某次民间舞蹈表演活动后，观众提出了改进舞蹈服饰、提高表演水平等方面的建议。文化馆及时采纳了这些建议，并在下一次活动中进行了改进。

（三）新型服务模式的效果评估与改进

新型服务模式已经在实践中取得了显著的效果，对于提升文化馆的参与度和满意度起到了重要作用。通过大数据分析，文化馆能够更好地了解观众的需求和喜好，从而精准地提供符合观众需求的服务。观众的参与度和满意度得到了显著提高，他们更加愿意参与并积极参与文化馆举办的各种活动。观众们可以根据自己的兴趣和需求来选择参与的项目，从而提高了观众的参与度和满意度。同时，新型服务模式还提高了文化馆的运营效率和服务质量。文化馆通过优化资源配置和提升技术手段，能够更加高效地提供服务。例如，通过引入自动化系统和智能科技，文化馆可以实现自动化的票务系统，提升了购票流程的便捷性和效率。此外，通过引入虚拟现实和增强现实技术，文化馆提供了更加生动、多样化的参观体验，增强了观众的互动性和参与感。新型服务模式也推动了文化馆的数字化转型。通过大数据技术的应用，文化馆逐渐实现了数字化转型，提高了自身的竞争力和影响力。文化馆通过分析观众的行为和偏好，可以更好地推断观众的需求，从而提供更加个性化的服务。通过数字化转型，文化馆能够更好地与观众进行互动和交流，建立起更加紧密的联系。然而，为了提高新型服务模式的效果和改进服务质量，文化馆需要不断进行效果评估和改进工作。通过收集和分析数据，文化馆可以了解新型服务模式的优点和不足之处，进而制定相应的改进措施。文化馆可以通过与观众的沟通和反馈来了解他们的需求变化，从而进行改进和优化。同时，文化馆还需要不断更新技术和设备，以提高服务质量和技术水平。新技术的应用能够为文化馆提供更多的服务手段和方式，使其能够更好地满足观众的需求。例如，引入更先进的展示技术和音频设备，可以丰富观众的参观体验，提高观众的满意度。此外，文化馆可以通过引入智能设备和智能系统，提升服务的效率和便捷性。不断更新技术和设备，可以帮助文化馆提升自身的服务水平，满足观众不断增长的文化需求。

三、未来服务模式的趋势与展望

站在新时代的历史坐标上，我国文化馆服务模式正迎来前所未有的发展机遇。未来文化馆服务模式的发展趋势将主要表现在几个方面。这些方面不仅体现了时代特征，也彰显了我国文化建设的新方向。第一，文化馆服务模式将更加注重人民群众的参与。过去，文化馆的服务模式更多的是以管理者为主导，活动组织和开展相对较为集中。而在未来，文化馆将更加注重让广大民众参与到文化活动中来，让文化更具活力和创造力。文化馆将成为人民群众的文化乐园，通过举办各类培训班、讲座、展览等活动，吸引更多人参与到文化创作、传播和体验中来。在这个过程中，文化馆将充分发挥其社会教育功能，提升民众的文化素养和审美水平，推动社会主义文化的繁荣发展。第二，文化馆服务模式将更加智能化。随着科技的不断进步，未来文化馆将充分利用现代信息技术，如大数据、云计算、人工智能等，为民众提供更加便捷、高效的文化服务。通过线上预约、线上学习、智能导览等方式，让文化馆的服务更加智能化、个性化。这些智能化的服务手段不仅方便了民众，还提高了文化馆的工作效率，使文化馆的服务更加精准、贴心。同时，智能化技术的应用也有助于文化馆收集和分析群众文化需求，为制定相关政策提供数据支持。第三，文化馆服务模式将更加注重跨界融合。未来文化馆将不再局限于传统的文艺表演、展览等活动，而是将文化、科技、教育、旅游等多个领域进行跨界融合，打造多元化的文化体验空间。例如，可以与文化创意产业旅游景区等合作，举办特色文化活动，吸引更多人。跨界融合不仅丰富了文化馆的活动内容，也使其功能更加完善，进一步提升了文化馆的社会影响力。最后，文化馆服务模式将更加注重可持续发展。未来文化馆将在服务模式上积极探索与社区、企业、学校等合作，形成共治共享的文化服务格局。这种合作模式有助于整合社会资源，提高文化服务的覆盖面和满意度。同时，注重文化传承与创新，挖掘和保护地方特色文化，使之与现代生活相融合，实现文化的可持续发展。在这个过程中，文化馆还将加强对文化人才的培养和引进，提升文化馆的整体服务水平。

随着时代的进步和社会的发展，人民群众的精神文化需求日益增长，这对文化馆的服务模式提出了更高的要求。为了适应新时代的发展需求，未来文化馆服务模式需要在以下几个方面进行创新。一是服务内容的创新。未来文化馆应深入了解人民群众日益增长的精神文化需求，不断丰富和创新服务内容。除了传统的艺术展览、讲座、演出等，未来文化馆可以引入跨界艺术、创意设计、互动体验等新型文化形态，为民众提供更加多样化的文化服务。例如，可以举办融合音乐、舞蹈、戏剧、科技等多种艺术形式的跨界活动，让民众在享受多元文化的同时，也感受到艺术的创新与魅力。此外，未来文化馆还可以结合当地特色和传统文化，开发具有地域特色的文化产品和服务，如地方戏曲演出、民俗文化展览等，以更好地满足民众的文化需求。二是服务方式的创新。未来文化馆应充分利用现代科技手段，如虚拟现实（VR）、增强现实（AR）、大数据等，探索全新的服务方式，为民众提供更加便捷、高效的文化服务。例如，可以通过线上平台，实现线上预约、线上学习、线上互动等功能，让民众无须亲自到场即可享受文化馆的服务。此外，还可以利用大数据技术分析民众的文化喜好和需求，为民众提供更加个性化和精准化的服务。通过这些创新的服务方式，未来文化馆可以更好地满足民众的需求，提高服务质量和效率。三是组织形式的创新。未来文化馆应突破传统的组织形式，通过与社会力量合作，如企业、社会组织、志愿者等，共同举办文化活动。这种合作不仅可以提高文化活动的质量和影响力，还可以引入更多的资源和资金，为文化馆的发展提供更多的可能性。同时，可以尝试建立文化社群，让具有相同兴趣爱好的市民共同参与，形成良好的文化氛围。通过文化社群的形式，可以促进市民之间的交流和互动，增强社区凝聚力，同时也为文化馆提供了更广泛的服务对象和资源。四是运营模式的创新。未来文化馆应探索多元化的运营模式，以提高文化馆的运营效率。这包括政府购买服务、企业赞助、众筹等模式。政府购买服务是指政府将部分文化服务外包给社会上的专业机构，这样可以减轻政府在资金和人力上的负担。企业赞助则是指企业为文化馆的活动提供资金或物资支持，以提升企业的社会形象和影响力。众筹则是一种集资方式，可以让公众参与资助自己喜欢的文化活动，同时也为文化活动提供了更多的资金来源和创意空间。同时，未来文化馆可以尝试将文化馆与文化创意产业、旅游景区等相结合，打造文化产业链，实现文化价值的最大化。通过与其他产业的融合，可以促进文化的传播和交流，推动文化产业的发展。

在未来的发展过程中，文化馆服务模式的创新和进步将成为重要的任务。为了实现这一目标，文化馆需要着手完成以下几项重点任务。第一，文化馆需要完善基础设施。基础设施是文化馆开展文化活动和提供服务的基本保障。政府应当加大对文化馆建设的投入，提升文化馆硬件设施水平，为民众提供舒适、便捷的文化活动场所。这包括改善文化馆的场地、设备、图书馆等基础设施，满足人民日益增长的文化需求。第二，加强文化馆人才队伍建设。人才是推动文化馆服务模式创新发展的核心动力。通过引进、培养等方式，打造一支具备专业素质和创新能力的文化馆人才队伍，为文化馆服务模式的创新发展提供人才保障。这需要从培养专业人才、提高现有人才素质、吸引高素质人才等方面入手，形成一支结构合理、素质优良、富有创新精神的文化馆人才队伍。第三，丰富文化馆服务内容。服务内容是文化馆服务模式的重要组成部分，直接关系到文化馆的服务质量和水平。以人民群众需求为导向，不断挖掘和保护地方特色文化，创新文化产品和服务，满足人民群众多样化、多层次的文化需求。这需要深入研究和把握人民群众的文化需求，充分发挥文化馆在文化传播、娱乐等方面的重要作用。第四，提高文化馆服务效能。服务效能是衡量文化馆服务质量的重要指标。通过优化服务流程、提升服务质量，使文化馆的服务更加高效、便捷。同时，加强与其他文化机构的交流合作，共享文化资源，提高文化馆的服务水平。这需要坚持以人民为中心的发展思想，不断创新服务方式，提高服务质量，为人民群众提供更加优质的文化服务。第五，推动文化馆可持续发展。可持续发展是文化馆长期发展的重要保障。积极探索与文化创意产业、旅游景区等领域的合作，打造文化产业链，实现文化价值的最大化。同时，注重文化传承与创新，使文化馆成为文化交流、传承和创新的重要平台。这需要深入挖掘和传承文化资源，推动文化创新，发挥文化产业在经济和社会发展中的重要作用。

第七章　大数据时代下的文化馆人才管理

一、文化馆人才管理的现状与挑战

（一）文化馆人才管理的现状分析

随着社会经济的发展，文化产业在近年来呈现出迅速崛起的态势，这对专业人才的需求也日益增长。在这个背景下，文化馆作为促进文化传承和创新的重要场所，其人才管理方面存在一系列明显缺失现状。首先，人才供给与需求的矛盾是当前文化馆面临的一大挑战。随着文化产业的快速发展，对专业人才的需求已经远远超过了现有的供给。无论是从数量上还是质量上，当前的文化馆人才都存在着明显不足。这种情况，一方面是由于文化馆人才的培养速度难以跟上文化产业的发展速度，另一方面是由于优秀人才的流失和匮乏。这种人才匮乏的状况对文化馆的发展和运作构成了严重的制约，尤其是在一些基层文化馆，人才短缺的问题更加突出。其次，文化馆人才的培养体系也需要进一步优化。由于文化馆的特殊性质，对人才的要求不仅需要其具备丰富的专业知识，更需要有深入的理解和丰富的经验。然而，目前的文化馆人才培养体系往往偏重于知识的传授，对实践能力和创新意识的培养重视不够。这导致了人才培养的效果不够理想，许多人才无法满足文化馆的实际需求。此外，人才培养的途径和方式也需要多样化，以便更有效地满足不同类型人才的需求。第三，人才流动现象普遍存在，这给文化馆人才的长期稳定供给带来了一定的困扰。在当前的就业环境中，许多优秀的人才在发展上遇到瓶颈时，往往会选择寻找新的发展机会。这就意味着，他们可能会离开原来的单位，选择到其他地方发展。这种情况在文化馆中同样存在，许多优秀的人才在积累了一定的工作经验后，往往会选择离开文化馆，寻求更广阔的发展空间。这对于文化馆来说，无疑是一个不小的挑战。此外，随着社会的进步和人民生活水平的提高，人民群众对文化的需求也在不断提高。这对文化馆的人才提出了更高的要求，需要他们不仅具备专业知识，还需要有创新能力和实践能力，以适应人民群众不断增长的文化需求。因此，如何吸引和留住优秀的人才，提高人才的整体素质，是当前文化馆面临的一个重要问题。同时，随着科技的发展和信息化的普及，人才的管理和培养方式也在不断变化。

如何利用现代科技手段，如大数据、人工智能等工具，来提高人才管理的效率和质量，也是需要思考的问题。

（二）文化馆人才管理中存在的问题与挑战

在文化馆人才管理方面，存在着一系列问题和挑战。一是缺乏有效的职业生涯规划。很多文化馆人才在从事文化事业之前，并没有清晰的定位和规划，因此对自己的发展路径缺乏明确的认识，容易迷失方向。他们缺乏对不同职业岗位的了解，无法做出明智的选择，并且对自己的长期职业规划没有清晰的目标。这使得他们在职业发展过程中缺乏持续的动力和方向，容易造成职业生涯的不稳定。二是人才选拔机制不够科学，往往只关注人才的学历和资历，忽视了对人才潜力和能力的评估。在文化馆人才选拔的过程中，往往只看重人才的学术成就和专业知识，而忽视了对其在实践中的能力和潜力的评估。这种机制容易造成人才的浪费和流失。培训机构往往过分注重学术能力，而忽视了对实践能力和创新能力的培养。这导致了很多人才在进入工作岗位后发现自己的能力不足，无法适应实际工作的需求。人才选拔机制缺乏科学性和全面性，需要更加注重对人才未来发展潜力的评估，减少对学术成绩和学历的过分依赖。三是培养体系不够完善。当前的人才培养过程中，往往缺乏对实践能力和创新能力的培养，导致人才在实际工作中难以胜任。在文化馆人才培养的过程中，往往注重理论知识的灌输，忽视了对实践能力和创新思维的培养。这导致了在实际工作中，许多人才缺乏实践经验和解决问题的能力。文化馆人才需要具备扎实的理论知识，但更需要具备实际操作的能力和创新的能力。因此，培养体系需要更加注重实践能力和创新能力的培养，帮助人才能够更好地适应工作需求。四是文化馆人才的流动现象。由于文化馆人才的职业规划和发展机会有限，很多优秀的人才往往会选择向更具竞争力和发展机会的单位转移。他们希望获得更好的职位和待遇，以实现自身的职业发展目标。这导致了原单位在人才供给方面的不稳定性，使得文化馆人才的流失成为一个难以回避的现实问题。为了解决这一问题，文化馆应该加大对人才的培养和激励力度，提供更多的发展机会和职业晋升空间，同时注重优秀人才的留任和稳定供给。人才流动是不可避免的，但通过提供更好的福利待遇、提升工作环境和提供更多的发展机会，可以降低人才的流失率。

（三）文化馆人才管理的可持续发展问题

在当今社会，文化馆人才管理的可持续发展问题日益凸显，成为一个不容忽视的重要议题。为了确保人才的稳定供给和良好发展，需要采取一系列切实有效的措施。首先，强化人才培养和引进是重中之重。为了提升人才的整体素质，需要建立更加完善的培养体系。这包括提供定期的培训课程，鼓励人才参加学术研讨会和交流活动，以拓宽他们的视野，提升他们的实践能力和创新意识。同时，也需要加大对人才培养的投入，提供充足的资源，确保人才的培养质量。此外，可以通过引进外部专业人才，注入新鲜血液，促进文化馆的创新和发展。这不仅可以弥补现有团队在某些领域的知识和能力不足，也可以带来新的思路和方法，激发团队的创新活力。改善人才选拔机制是关键的一步。为了确保选拔出的人才既具备实际能力，又具有发展潜力，需要建立科学的评估体系，全面考察人才的潜力和能力。这包括对其专业素质、团队合作能力、创新能力等多方面的评估，以确保人才的合理配置和使用。同时，可以通过与高校、艺术院校等建立长期合作关系，共同参与人才选拔和培养，实现资源的共享和互补，从而提升人才选拔的公正性和科学性。加强职业生涯规划的指导也是不可或缺的一环。通过提供职业发展的咨询和指导，帮助人才明确自己的职业目标，并根据他们的职业兴趣和特长，提供相应的培训机会，帮助他们实现自己的职业理想。这不仅可以增强人才对文化馆的归属感和忠诚度，也可以激发他们的工作热情和创新精神。实施人才激励措施也是确保人才可持续发展的重要手段。这包括建立合理的薪酬制度和晋升机制，为人才提供发展空间和相应的回报。合理的薪酬制度不仅可以满足人才的基本生活需求，也可以激发他们的工作积极性和创造力。而晋升机制则可以提供更多的职业发展机会，增强人才的归属感和激情。此外，还可以通过提供其他形式的激励，如荣誉奖励、福利补贴等，进一步增强人才对文化馆的认同感和满意度。

二、大数据在文化馆人才管理中的应用方式与效果

随着大数据时代的到来，各行各业都开始意识到大数据的重要性，并纷纷将其应用于企业管理中。文化馆作为重要的文化传播机构，同样可以通过大数据技术来提升人才管理的效果。

（一）大数据在文化馆人才需求与招聘中的应用

在传统的人才需求与招聘过程中，往往需要依靠主观的判断和经验来确定岗位需求和招聘策略。这种方式存在许多缺陷，如信息不对称、主观判断容易产生误差、招聘周期长、成本高等问题。然而，随着大数据技术的广泛应用，这些问题得到了有效的解决。大数据的应用在文化馆人才需求与招聘中发挥着越来越重要的作用。大数据技术可以帮助文化馆更准确地预测未来的人才需求。通过分析历史数据和行业趋势，大数据技术可以准确地预测未来的人才需求。通过分析过去的招聘数据和员工流动情况，可以了解到不同岗位的流动性和稳定性，从而更好地制定合理的人才需求计划。此外，大数据还可以帮助文化馆了解行业内的薪酬水平和福利待遇变化，以便更好地制定招聘策略，吸引更多优秀的人才。大数据在招聘过

程中还提供了精准的人才匹配。通过分析候选人的履历、技能、经验等数据，可以找到与岗位要求最匹配的人才。大数据技术可以根据岗位需求进行人才筛选和推荐，大大提高了招聘的效率和准确性。同时，通过分析候选人的社交媒体活动和言论，可以更好地了解候选人的个人品质和背景，进一步提高了人才匹配的准确性。此外，大数据还可以帮助文化馆评估候选人的职业发展潜力和适应性，以便更好地确定是否录用该候选人。除了精准的人才匹配之外，大数据在文化馆人才招聘中还发挥着其他重要作用。首先，大数据可以帮助企业提高招聘效率。通过自动化招聘流程和利用人工智能技术进行简历筛选和面试评估，可以大大缩短招聘周期，提高招聘效率。其次，大数据还可以提供企业声誉和品牌的数据分析，帮助企业吸引更多优秀的人才。通过分析员工在社交媒体上对企业的评价，可以了解到企业的形象和声誉对招聘的影响，从而有针对性地改进。此外，大数据还可以帮助文化馆更好地了解候选人的职业兴趣、价值观和动机等方面的信息，以便更好地确定是否录用该候选人。

（二）大数据在文化馆人才培养与激励中的应用

在当前信息化时代，大数据作为一种强有力的工具，正逐渐改变着文化馆在人才培养与激励方面的传统模式。在传统的人才培养模式中，文化馆的管理者通常依靠自身的主观判断和经验积累来制定培养计划和激励措施，这种方式虽然具有一定的实用性，但往往缺乏足够的科学性，难以实现人才的最大化利用和潜能的深度挖掘。而大数据的应用，则为文化馆的人才培养与激励提供了全新的思路和方法。首先，大数据的应用可以使文化馆的人才培养计划更具个性化。通过对员工技能和能力数据的深入分析，管理者能够了解到每个员工的成长潜力和实际需求，从而为员工量身定制个性化的培训计划。这种计划不再是千篇一律的"一刀切"，而是根据员工的实际情况和需求进行精准定位，既满足了员工的个人发展，又提升了文化馆的整体实力。此外，通过分析员工的培训记录和成长轨迹，管理者还能够及时发现培训过程中的问题和不足，对培训计划进行实时调整，确保培训效果的最大化。其次，大数据的应用可以使文化馆的激励措施更具针对性。通过对员工工作表现数据的深度分析，管理者能够了解到不同激励方式对员工的影响，从而制定出更具针对性的激励策略。这种策略不再是模糊不清的"水漫灌"，而是根据员工的具体表现和需求进行的精准激励，既激发了员工的工作积极性，又提高了工作效率。同时，通过分析员工的社交媒体活动和言论，管理者还能够了解到员工的心理需求和动机，为员工提供更加个性化和贴心的激励方式，从而提升员工的满意度和忠诚度。此外，大数据的应用还可以帮助文化馆制定更有效的员工留存策略。通过对员工意愿和动向数据的分析，管理者能够了解哪些因素会影响员工的留存，从而制定出更具有针对性的留存策略。这种策略不再是毫无根据的"空中楼阁"，而是根据员工的实际需求和意愿进行的精准施策，既提高了员工的留存率，又减少了员工流失带来的损失。同时，通过分析员工的离职原因和离职意愿，管理者还能够及时发现管理过程中存在的问题，对管理策略进行调整，从而提升员工的满意度和忠诚度。

（三）大数据在文化馆人才评价与流动中的应用

在传统的人才评价与流动机制中，往往依赖于主管的主观评价和个人经验判断，这往往容易产生主观误差和偏见，导致评价结果的不准确。为了解决这一问题，大数据的应用为人才评价与流动提供了新的可能。大数据能够提供客观、全面的数据支持，减少主观因素的影响，使人才评价与流动更加公正、科学。在文化馆的人才评价与流动中，大数据的应用主要体现在以下几个方面。第一，大数据通过分析员工的绩效评价数据，提供客观的绩效评价结果。绩效评价是人才评价的重要组成部分，传统的绩效评价方式往往受到主观因素的影响，而大数据可以通过分析员工的工作成绩、贡献度和目标达成情况等数据，提供客观的绩效评价结果。这些数据包括但不限于员工的考勤记录、工作任务完成情况、项目进度报告、客户满意度调查等。通过大数据的分析和处理，可以精确地评估员工的绩效表现，为人才流动提供客观的依据。第二，大数据可以通过分析员工的发展潜力数据，提供客观的人才评价结果。员工的潜力是人才评价的重要指标之一，大数据可以通过分析员工的学历、培训记录、工作经验等数据，来评估员工的发展潜力。这些数据不仅包括员工的个人信息，还包括他们在工作中的表现、团队合作情况、解决问题的能力等。通过这些数据的分析，可以更全面地了解员工的能力和素质，为员工的职业发展提供科学的评估结果。第三，大数据还可以通过分析员工的社交媒体活动和在线行为，了解员工的兴趣爱好、价值观和创新能力等，为人才的评价提供更多的维度。社交媒体和网络平台是现代人表达自我、交流互动的重要渠道，从中可以获取到员工工作之外的信息，如团队合作能力、沟通能力、创新能力等。这些信息对于人才评价同样具有重要意义。第四，大数据还可以通过分析员工的流动情况方面的数据，提供客观的流动决策支持。员工的流动是人才管理中的重要问题之一，了解员工的流动意愿、流动原因和流动历史，可以帮助管理者更好地掌握人才流动的趋势和规律，为流动决策提供参考。在文化馆的人才管理中，通过对员工流动数据的分析，可以了解到不同岗位和个人的流动情况，从而为人才的引进、培养、使用提供更有针对性的决策支持。

三、培养适应大数据时代的文化馆人才策略

（一）培养适应大数据时代的文化馆人才的必要性

在当今全球信息爆炸的时代，大数据已经成为驱动社会发展的重要动力之一。面对大数据时代的到来，各个领域都需要具备相应技能和知识的专业人才，文化馆也不例外。为了适应大数据时代的发展趋势，培养适应大数据时代的文化馆人才变得迫切而重要。首先，培养适应大数据时代的文化馆人才可以有效提升文化馆的运营和管理能力。大数据技术可以帮助文化馆更好地了解受众需求和喜好，优化文化资源的利用和分配，提供更精准的文化服务。这一点对于文化馆来说至关重要，因为只有深入了解受众，才能更好地为他们提供所需要和喜欢的文化产品和服务。而要做到这一点，就需要专业人才具备相应的技能和知识，熟悉大数据处理和分析的方法和工具。只有这样，文化馆才能在大数据时代中把握机遇，提升其运营和管理水平。此外，培养适应大数据时代的文化馆人才还可以帮助文化馆更有效地管理其资源，包括人力、物资和预算等，实现资源的最大化利用。培养适应大数据时代的文化馆人才还可以促进文化馆与受众的互动和参与。大数据时代，人与信息的交互变得更加频繁和密切，文化馆可以通过大数据分析受众的喜好和需求，提供更加个性化和针对性的文化服务。

这一点对于增强文化馆与受众之间的互动和参与度至关重要。而要实现这一目标，文化馆需要专门的人才来进行数据的采集、分析和应用。这些人需要具备良好的人际交往能力、沟通能力以及数据分析能力，他们将负责与受众进行互动，收集和分析数据，从而为受众提供更加符合他们需求的文化服务。另外，随着社交媒体的兴起，文化馆还需要适应大数据时代的社交化传播模式。社交媒体已经成为信息传播的重要渠道，通过社交媒体平台，文化馆可以更好地与受众进行互动和交流，提高影响力和知名度。为了更好地利用社交媒体进行宣传和推广，培养适应大数据时代的文化馆人才就显得尤为重要。这些人需要具备社交媒体运营和管理的能力，熟悉社交媒体的传播规律和特点，能够制定有效的社交媒体营销策略。他们还需要具备数据分析的能力，通过分析社交媒体数据，更好地了解受众的需求和喜好，从而提供更加精准的服务。

（二）培养适应大数据时代的文化馆人才的策略

在当前这个信息化、数字化飞速发展的时代，大数据作为一种重要的战略资源，已经渗透到社会生活的各个领域，对经济、科技、文化等产业的发展产生了深远影响。大数据时代对文化馆人才的需求也发生了深刻变化，培养适应大数据时代的文化馆人才已经成为当务之急。为此，需要从教育、实践、合作等多个方面出发，制定一系列的策略和措施。第一，需要加强相关专业领域的培养和教育。大数据技术和方法是现代社会的重要组成部分，应当被纳入文化馆相关专业的课程体系中。在课程设置上，不仅要增加大数据相关理论的教学，还要培养学生的实际操作能力，让学生在学习过程中对大数据有更直观、更深入的理解。此外，还应当关注行业发展趋势，及时更新课程内容，使教学内容与时代发展同步。通过这样的方式，可以培养学生的大数据思维，提高他们的数据分析和处理能力，使他们真正成为适应大数据时代需求的文化馆人才。第二，需要加强实践环节的设置，提供实际操作和应用的机会。理论知识的学习固然重要，但只有将理论知识与实际操作相结合，才能真正提高学生的实践能力。因此，在相应专业的人才培养过程中，应该设置相关实践环节，让学生亲身参与大数据的采集、处理和分析工作，了解实际操作过程和应用场景。通过实践环节的设置，可以培养学生的动手能力和解决问题的能力，为将来的工作打下坚实的基础。第三，需要加强与其他企业和机构的合作，进行跨界融合式人才培养。大数据技术和应用是一个跨学科、跨行业的领域，文化馆可以与相关企业和机构合作，开展联合培养计划。通过与企业和机构的合作，可以融合各方资源和经验，培养具备跨学科背景和实践经验的人才，提高文化馆人才的整体素质和竞争力。在这个过程中，可以邀请企业专家来校授课，分享他们的实际经验和案例，使学生更好地了解行业现状和发展趋势；同时，也可以组织学生到企业进行实习，让他们在实际工作中锻炼自己，提升自己的综合能力。第四，为了培养适应大数据时代的文化馆人才，还需要注重培养学生的创新能力、团队协作能力和沟通能力。创新能力是推动一个行业、一个企业不断发展的重要动力，也是文化馆人才必备的素质之一。因此，在教育过程中，应当鼓励学生敢于创新、勇于实践，培养他们独立思考和解决问题的能力。同时，团队协作能力和沟通能力也是非常重要的。在大数据时代，一个项目往往需要多个人共同完成，这就要求学生具备良好的团队协作能力和沟通能力，能够有效地与他人合作，共同完成项目任务。第五，为了确保培养出的文化馆人才适应大数据时代的需求，还应当加强师资队伍建设。教师是教育教学的主导者，他们的专业水平、教学能力直接影响学生的培养质量。因此，应当加强师资队伍建设，提高教师的专业素质和教学能力。这不仅包括提高教师自身的专业水平，还包括加强教师之间的交流，分享教学经验，共同提高教学水平。同时，还应当鼓励教师参加各种培训和学术交流活动，让他们不断更新知识，紧跟时代发展步伐。

（三）培养适应大数据时代的文化馆人才的实施方法

在实施培养适应大数据时代的文化馆人才的策略过程中，需要采取一系列相应的实施方法。一是建立相应的培养体系和培养机制。培养体系应当包含一系列全面的、针对性的教学计划和方案，而培养机制则要确保这些计划和方案的顺利实施。根据培养目标和要求，需要制定相应的培养计划和培养方案，明确培养内容和培养方法。这可能包括大数据技术的理论教学、实践操作、案例分析、项目实习等各个方面。同时，还需要建立相应的教学团队和教学资源，为培养适应大数据时代的文化馆人才提供支持和保障。这包括聘请具有丰富大数据实践经验的教师，提供先进的大数据技术和工具的教学资源以及建立相应的教学设施和环境。二是要加强实践教学环节的组织和管理。实践教学环节是培养适应大数据时代的文化馆人才的关键环节，它不仅能帮助学生将理论知识转化为实际操作能力，而且能让学生在真实的实践场景中了解和应用大数据技术和方法。因此，需要加强对实践教学过程的管理和指导，确保学生能得到充分的实际操作和应用机会。这可能包括提供真实的实践场景和案例，让学生在实践中真实接触和应用大数据技术和方法，并及时对学生的实践成果进行评估和反馈。三是要加强与相关企业和机构的合作与交流。与相关企业和机构建立合作关系，可以帮助学生更好地了解和应用大数据技术和方法。可以通过组织学生参观企业和机构，了解实际应用和案例；开展合作项目和实习，为学生提供与实际工作环境接轨的机会。这种合作不仅能帮助学生积累实践经验，也能为企业提供人才支持，达到双赢的效果。四是要加强对学生的培养和指导。在培养适应大数据时代的文化馆人才的过程中，不仅要注重学生的个性发展和综合素质的培养，还要关注他们的心理健康和职业规划。可以通过培养计划中的各个环节，如教学、实践、交流等，全面培养学生的能力和素质。同时，还要加强对学生的指导和评估，及时发现和解决问题，保证培养效果的质量。这可能包括定期与学生进行沟通交流，了解他们的学习情况和心理状态；提供职业规划和发展的指导，帮助他们明确职业发展方向；及时解决他们在学习和生活中遇到的问题，等等。

第八章　文化馆安全管理与风险控制

一、安全管理与风险控制的重要性

（一）文化馆安全管理与风险控制的定义与特点

文化馆安全管理与风险控制是确保文化馆内外安全的重要工作，它的定义与特点需要引起足够的重视与关注。首先，文化馆安全管理是指通过制定并执行一系列安全规章制度和管理措施，确保文化馆内部和周边环境的安全。全面性、系统性和针对性是其重要特点。全面性要求安全管理要考虑到文化馆内各个方面的安全问题，如人员安全、设备安全、场地安全等。在文化馆内，人员众多且复杂，设备繁多且具有一定的危险性，此外，场地布局、建筑结构等也会直接影响文化馆的安全性。因此，安全管理必须全面关注各个方面的安全，并采取相应的预防措施。系统性要求安全管理措施必须是一系列相互协调的措施，形成一个完整的安全管理体系。这就要求在制定安全规章制度和管理措施时要综合考虑各个方面的安全需求，并确保它们之间的协调和衔接，形成一个有机整体。针对性意味着安全管理要根据文化馆的实际情况和特点，制定相应的安全政策和措施。不同的文化馆在规模、场地、人员组成等方面存在差异，因此安全管理需要根据不同的特点有针对性地制定相应的安全政策和措施。风险控制是指通过各种手段和措施，减少或消除文化馆中存在的安全风险。预防性、综合性和动态性是风险控制的主要特点。预防性意味着风险控制要在事故发生之前采取措施，以减少事故发生的可能性。文化馆中存在着各种潜在的安全风险，如火灾、人员滞留、设备故障等，这些安全风险一旦发生，将对文化馆的正常运营和公众的身体安全造成严重威胁。因此，风险控制需要事先分析和评估潜在的风险，并采取相应的预防措施，以减少事故的发生。综合性要求风险控制考虑到文化馆内各个方面的风险，如火灾风险、人员滞留风险、设备故障风险等，并综合运用各种手段进行控制。在风险控制中，需要综合考虑不同风险之间的相互影响和交叉作用，采取综合性的控制措施，以提高风险控制的效果。动态性则要求风险控制要根据文化馆的发展和变化进行调整和优化。随着科技的发展和社会环境的变化，文化馆的安全风险也在不断发生变化。因此，风险控制需要根据文化馆的实际情况和变化，及时调整和优化措施，以确保安全风险控制的有效性和适应性。

（二）文化馆安全管理与风险控制的重要性与需求

文化馆安全管理与风险控制的重要性与需求显而易见。文化馆作为一个集中人员和珍贵文物的场所，在发生安全事故时可能导致巨大的人员伤亡和财产损失。如火灾等突发事件对文化馆的威胁不断增加，凸显了安全管理与风险控制的紧迫性。因此，为了保护公众的安全和维护良好的社会秩序，必须加强对文化馆的安全管理与风险控制工作。首先，文化馆的安全管理直接关系到公众对其安全的信任和参与度。公众只有在安全的环境中才会对文化馆的活动感到放心和积极参与。如果文化馆发生安全事故，不仅会给公众的身心健康带来伤害，还会破坏公众对文化馆的信任感，导致公众对文化活动的参与度大幅下降。因此，确保文化馆的安全是吸引公众参与文化活动的重要前提。其次，良好的安全管理和风险控制措施是文化馆为公众提供安全、舒适的文化服务的基础。在文化馆举办各种文化活动时，公众的安全是首要考虑的因素。文化馆需要通过合理的安全管理和风险控制来预防突发事件的发生，及时应对突发事件的处置，并为公众提供相应的应急保障。只有保证了公众的安全，才能提供各类文化服务。因此，良好的安全管理与风险控制能够保障文化馆的正常运行，提高公众对文化馆的满意度和信任度。现代社会中，安全风险日益增加，特别是恐怖袭击、火灾等突发事件频发。在这种背景下，文化馆的安全管理与风险控制面临更高的需求。文化馆作为一个公共场所，有着较高的人员流动性和公众参与度，因此很容易成为火灾等事故的突发场所。为了应对这些安全威胁，文化馆需要采取更加严密、科学的安全管理和风险控制措施。同时，随着科技的发展和社会的进步，文化馆的规模和复杂性不断增加。许多文化馆开始采用先进的技术设施，如智能化安防系统、视频监控设备等，提升安全管理和风险控制能力。然而，随之而来的是对安全管理人员的要求越来越高。安全管理人员需要具备专业的知识和技能，能够熟练操作和维护各类安全设备，并在紧急情况下能够迅速反应和处置。因此，制定更加科学、有效的安全管理和风险控制措施，提供专业的安全管理人员培训和技术支持，成为保障文化馆安全的重要手段。

（三）文化馆安全管理与风险控制的挑战与问题

在探讨文化馆的安全管理与风险控制的过程中，不能忽视其所面临的种种挑战与问题。这些挑战和问题涉及多个方面，包括人员素质、安全管理涉及的各个部门间的协调合作、技术手段的应用以及在举办大型活动和文化节时面临的安全管理特殊需求和对馆内珍贵艺术品和文物的保护措施和紧急救援预案。第一，文化馆内部人员素质和安全意识的薄弱是一个重要的问题。文化馆的工作人员涉及的专业知识和技能较多，包括艺术、历史、教育、技术等多个领域。然而，由于许多工作人员对于安全管理的理解和应对能力往往较低，这使得他们在面对突发安全事件时，无法做出及时、准确的判断和处理。这不仅增加了安全风险，也给文化馆的正常运营带来了挑战。第二，文化馆的安全管理工作涉及各个方面，需要多个部门的协调和合作。例如，消防安全、网络安全、设施维护、应急预案等都需要各个部门共同参与，任何一方的疏忽都可能导致出现安全管理的漏洞。然而，在实际操作中，各个部门之间的信息共享和沟通不畅，往往导致安全管理工作的不协调和效率低下。例如，消防部门可能需要与网络安全部门共享信息，以共同预防网络攻击导致的火灾风险。第三，文化馆的安全管理需要依靠一定的技术手段，如监控设备、报警系统等。然而，由于技术的落后和设备的维护不及时等问题，导致技术手段的有效性和可靠性受到了限制。例如，监控设备可能无法清晰地识别出异常情况，或者报警系统可能因为故障而无法及时发出警报。这些问题不仅影响了安全管理的效果，也增加了安全风险。第四，文化馆的安全管理还面临着一些特殊的问题。比如，文化馆在举办大型文化活动时，往往会吸引大量观众前来参与，这就对安全管理的人员和设备提出了更高的要求。在这种情况下，如何保证活动的顺利进行，同时确保观众的安全，是一个需要解决的问题。

又如，文化馆中保存着许多珍贵的艺术品和文物，这些无价的文化遗产对安全管理提出了更高的要求。这些艺术品和文物需要得到特殊的保护措施和监管，以防止盗窃、破坏或意外损害。因此，需要制定针对性的保护措施和紧急救援预案，以确保这些珍贵的文化遗产得到妥善的保护。

二、大数据在文化馆安全管理与风险控制中的应用方式与效果

文化馆是传承和弘扬民族文化的重要场所，也是为广大人民群众提供文化服务的重要平台。随着社会的快速发展，文化馆的安全管理与风险控制越来越受到重视。大数据技术的应用为文化馆的安全管理与风险控制提供了新的思路和方法。

（一）大数据在文化馆安全威胁分析与预测中的应用

安全威胁是文化馆面临的各种安全风险，包括自然灾害、人为破坏、火灾等。这些威胁对文化馆的人员和藏品都构成了极大的危险。为了更好地保障文化馆的安全，大数据技术可以被应用于安全威胁的分析与预测中，通过对海量数据的挖掘和分析，发现安全威胁的规律和特点，为文化馆的安全管理提供有力支持。第一，大数据技术可以对文化馆的历史安全事件进行深入挖掘，找出事件发生的规律和原因，为预防类似事件提

供依据。文化馆作为一个具有悠久历史的场所，曾经可能发生过许多安全事件，比如火灾等。通过对这些历史事件进行分析，可以发现火灾发生的常见原因，比如电气故障、人为纵火等，从而采取相应的预防措施。例如，在历史上发生火灾的文化馆中，可以发现许多火灾都是老旧电线导致的。因此，文化馆可以进行定期的电气设备维修与更新，以确保电线的安全性，从而降低火灾的风险。第二，大数据技术可以对文化馆周边环境进行实时监控，及时发现潜在威胁。文化馆周边的环境安全情况直接影响着文化馆的安全。通过对周边区域的视频监控数据进行实时分析，可以发现可疑人员和行动，及时采取措施进行防范。例如，在文化馆周边设置高清摄像头，并利用大数据技术对摄像头拍摄的视频数据进行实时分析和识别，可以快速准确地发现异常情况，比如可疑人员的出现、可疑行为的发生等。一旦发现可疑情况，文化馆管理人员可以立即采取行动，加强巡逻和监管，确保文化馆的安全。第三，大数据技术还可以对文化馆内部的安全管理数据进行整合和分析，找出安全隐患。文化馆是一个复杂的组织系统，包括了许多安全管理措施和规定。通过对进出文化馆的人员数据、物品数据等进行分析，可以发现不符合规定的人员和物品，及时采取措施进行处理。例如，在文化馆门口设置智能人脸识别系统，利用大数据技术对进出文化馆的人员进行识别和分析，可以自动判断是否有人员未经许可进入文化馆。此外，对文化馆内部的物品进行追踪和管理，同样可以利用大数据技术对物品的位置和存储情况进行记录和分析，发现不符合规定的物品，及时采取相应的措施，以确保文化馆内部的安全。

（二）大数据在文化馆风险评估与控制中的应用

大数据技术在文化馆风险评估与控制中发挥着重要作用。风险评估是文化馆安全管理的关键环节，通过识别、评价和排序安全威胁，为制定有效的控制措施提供依据。传统的风险评估方法通常依赖人工主观判断，存在评估不准确、效率低下的问题。而大数据技术的应用可以弥补这些不足，提高评估的准确性和效率。第一，大数据技术可以通过对海量数据的挖掘和分析，建立更科学的风险评估模型。传统的风险评估通常只关注少数具体因素，而忽视了其他潜在的风险来源。而大数据技术能够从文化馆的各个方面收集大量数据，如设施设备、人员管理、消防安全等，并对这些数据进行分析，从而全面了解文化馆的安全风险情况。第二，大数据技术可以实时更新风险评估结果，及时对风险进行调整。文化馆的安全风险是一个动态变化的过程，随时可能产生新的安全威胁。传统的风险评估方法通常只能得到静态的评估结果，无法对新的风险情况进行实时反应。而大数据技术可以通过实时监测和分析数据，对文化馆的风险评估结果进行更新和调整。例如，当文化馆的某个设施出现故障时，可以即时反映在风险评估结果中，并立即采取相应的控制措施，以减少安全风险。第三，大数据技术还可以根据风险评估结果制定针对性的风险控制措施。通过对风险评估结果的分析，可以确定哪些安全风险较高，并制定相应的控制措施。例如，在评估结果较高的安全风险方面，可以采取加强人员管理、提高设施设备的安全性等措施，从而有效地降低安全风险。除了以上几点，大数据技术还可以通过数据的可视化呈现，直观地展示风险评估结果和变化趋势，帮助管理者更好地理解和把握文化馆的安全风险状况。然而，大数据技术在风险评估与控制中的应用也存在一些挑战和问题。首先，海量的数据收集和处理需要大量的计算资源和存储空间。对于一些规模较小的文化馆来说，可能难以满足这样的条件。其次，人们对大数据的误解和担忧也可能影响到其在风险评估与控制中的应用。特别是在涉及个人隐私和信息安全的问题上，可能会引起公众的关注和担忧。因此，在使用大数据技术进行风险评估与控制时，需要在合法合规的前提下进行，尊重个人隐私和信息安全，避免滥用和泄露。

（三）大数据在文化馆安全事件响应与处理中的应用

在文化馆安全事件响应与处理中，大数据技术发挥了重要作用。安全事件响应与处理是指对安全事件进行快速反应和有效处理的过程，旨在保障文化馆的安全。利用大数据技术，可以提高响应的及时性和处理的准确性。第一，大数据技术通过对海量数据的实时分析，可以快速发现安全事件。对于火灾、盗窃等安全事件来说，可以通过实时监控数据和报警系统等方式及时获取相关信息。例如，当文化馆的监控摄像头捕捉到火灾迹象时，大数据技术可以立即分析视频数据并发出警报，让工作人员迅速采取应对措施，以防止火势蔓延。类似的，大数据技术也可以分析监控数据，及时发现并防止盗窃事件的发生。第二，大数据技术可以根据安全事件的特征和规律，迅速确定事件的原因和责任人。例如，在火灾事件中，通过分析监控数据和火警报警数据，可以快速确定火灾的起因和起火点。如果发现有人在火灾发生前进出了某个特定区域，可以通过大数据分析找出这个人，并追踪他在文化馆内的活动。这样，就可以快速确定责任人，并采取适当的法律措施，以保障文化馆的安全。第三，大数据技术还可以对安全事件进行深入挖掘和分析，总结事件发生的规律和原因，为预防类似事件提供依据。例如，在盗窃事件中，可以通过分析案发时间、地点、手段等特征，总结出盗窃事件的规律。如果发现盗窃事件更容易发生在某个特定时间段或某个特定区域，可以加强对这些区域的监控和巡逻力度，以预防未来的盗窃事件。此外，大数据技术还可以分析盗窃手段的变化趋势，从而及时更新防盗措施，以提高文化馆的安全性。

三、提高安全管理与风险控制水平的策略与方法

（一）文化馆安全管理策略

作为公共场所，文化馆的安全管理显得尤为重要。为了确保文化馆的安全，需要采取一系列的策略。一是建立完善的安全管理体系。文化馆应该制定全面的安全管理制度，包括安全责任分工、安全流程和安全措施等。这些制度应该覆盖文化馆的各个角落，确保每一个环节都得到妥善的监管。同时，各部门和人员都应该明确自己的责任和义务，做好各项安全工作。例如，对于开放性区域，应该有专门的负责人定期巡查，确保没有安全隐患。二是加强安全培训和意识教育。安全管理不仅依赖于制度和措施，更重要的是员工对安全事项的认识和处理能力。因此，文化馆应该定期组织安全培训和讲座，提升员工对安全事项的重视程度和处理紧急情况的能力。同时，也需要让员工了解一些基本的安全知识和技能，例如如何应对突发事件、如何使用消防设备等。三是建立安全监控和报警系统。文化馆应该安装监控设备，覆盖所有的公共区域和重要设施，确保能够及时发现和处置安全隐患。同时，还需要建立联网的安全监控系统，以便在发现异常情况时能够迅速响应。此外，在紧急情况下，报警装置和应急措施也是必不可少的，这样能够迅速启动并控制事态的发展。四是加强与警察

和消防部门的合作。与警察和消防部门建立联系，定期进行安全演练和联合执法是非常必要的。通过与他们的合作，可以学习到更多的安全管理经验和方法，提高安全管理水平。在紧急情况下，能够及时获得他们的支持和帮助，共同应对突发事件。

（二）文化馆风险控制策略

文化馆是我国公共文化服务体系的重要组成部分，为广大人民群众提供丰富多样的文化活动和优质服务。然而，在运行过程中，文化馆也面临着诸多风险，这些风险多样且复杂，对文化馆的可持续发展构成了威胁。为了确保文化馆的正常运行和服务质量，需要采取一系列风险控制策略，从源头上预防和化解潜在的风险。第一，要进行风险评估和预防。风险评估是识别和分析可能导致文化馆损失的风险的过程。文化馆应该对可能出现的风险进行深入研究，包括火灾、盗窃、事故等，然后制定相应的防范措施。例如，安装灭火设备，以应对火灾风险；加强门禁管理，防止未经授权的人员进入；设置防护栏，保护馆内设施和财物安全。同时，通过定期检查和维护，确保设施设备的安全运行。预防措施的制定和实施有助于降低风险发生的概率，减轻潜在损失。第二，加强巡查和监测是文化馆风险控制的重要手段。文化馆应该建立健全的巡查制度，定期对设施和设备进行巡查，及时发现并处理可能的安全隐患。例如，巡查消防设施是否完好，安全通道是否畅通；检查电气线路，防止短路、漏电等事故发生。此外，安装监控摄像头和烟雾探测器等监测设备，实时监控馆内情况，以便第一时间掌握安全信息，及时采取应对措施。第三，规范管理和加强内部控制。文化馆应该建立完善的管理制度，涵盖人员出入管理、物品管理、信息管理等方面。例如，制定严格的出入制度，对进出人员进行登记；规范物品管理制度，防止盗窃和遗失；加强信息安全管理，防止数据泄露和网络攻击。同时，加强内部控制，确保员工遵守规章制度，减少人为因素带来的风险。可以定期开展培训，增强员工的安全意识和责任心；加强对重要岗位的监督，防止权力滥用。第四，建立应急响应机制和危机管理系统。文化馆应该制定应急预案，明确各种紧急情况下的处理措施和流程。例如，火灾、地震等突发事件发生时，如何迅速疏散人员，如何组织救援工作等。同时，建立危机管理系统，及时发布安全信息和警示，提供必要的帮助和支持。在突发事件发生时，及时向公众发布预警信息，指导群众采取应对措施；在事故发生后，迅速启动应急预案，组织救援和处理工作。

（三）提高文化馆安全管理与风险控制水平的具体方法

为了进一步提高文化馆的安全管理与风险控制水平，除了实施相关的安全管理策略和风险控制策略之外，采取以下方面具体的方法是非常重要的。第一，文化馆应该加强安全设施的投入和维护。安全设施是保障文化馆安全的基础，因此，文化馆需要投入足够的资金来购买和安装各种安全设施。这包括消防设备、监控系统、紧急疏散设施等。投入的资金应当足够，以确保设施的质量和安全性。同时，针对这些设施，需要定期进行检测和维护，以确保其正常运行。只有这样，文化馆才能及时发现并解决设备故障或损坏的问题，保障文化馆的安全。第二，文化馆还应该加强安全检查与隐患排查工作。定期组织安全检查，对各项安全措施的执行情况进行评估，是提高安全管理水平的重要步骤。通过检查，可以及时发现问题和不足，并采取相应的措施加以解决。而隐患排查是预防事故发生的重要举措，文化馆应该建立健全的隐患排查机制，加强对场馆各个环节的检查和评估，及时发现并处理安全隐患，确保文化馆的安全。第三，加强安全宣传和教育也是提高安全管理水平的重要途径。文化馆可以通过宣传展板、安全提示等方式，向游客和员工传达安全知识和注意事项。特别是游客，他们往往对文化馆的安全意识较低，因此，在入馆之前，文化馆可以设置宣传展板，提醒游客注意安全事项，如禁止吸烟、注意防火、遵守秩序等。对于员工，则需要定期组织安全培训和演练，提高应对紧急情况的能力和应变能力，使员工能够在突发事件发生时，快速有效地采取应对措施，保障游客和员工的安全。第四，建立安全信息共享和交流机制是提高安全管理与风险控制水平的关键方法之一。文化馆可以与其他文化馆、公安机关和消防部门进行信息共享和交流。通过与其他文化馆的合作，文化馆可以借鉴其他文化馆的经验和做法，学习他们在安全管理方面的成功经验。与公安机关和消防部门进行信息共享和交流，可以及时获取相关的安全信息，了解当前的安全形势，并根据情况做出相应的调整和应对措施。这样，文化馆才能够更好地应对各类安全风险，提高安全管理与风险控制的水平。

第九章　结论与建议

一、大数据时代对文化馆服务与管理的影响总结

随着大数据时代的到来，文化馆的服务与管理也面临着前所未有的影响和挑战。在这个背景下，需要深入分析大数据对文化馆服务与管理的积极和消极影响，以便更好地应对未来的发展。

（一）大数据时代对文化馆服务和管理的重要影响

在人类社会发展的历程中，每一次技术的革新都会引发一场产业乃至社会的变革。大数据时代，数据已经渗透到社会生活的每一个角落，成为一种新的资源，一种可以推动社会进步的重要力量。在这种背景下，文化馆作为传播文化、教育人民、服务社会的重要机构，也面临着前所未有的机遇与挑战。第一，在大数据时代，数据已经成为一个国家

或地区的核心竞争力。这是因为，数据不仅可以反映出一个国家或地区的经济社会发展状况，还可以预测未来的发展趋势，为国家或地区的发展提供决策支持。因此，谁拥有了数据，谁就拥有了发展的主动权。随着信息技术的发展，数据的来源越来越广泛，如互联网、物联网、社交媒体等，数据的获取和处理也越来越方便。这对于文化馆的发展来说，既是一种机遇，也是一种挑战。机遇在于，文化馆可以利用这些数据更好地了解观众的需求，提升服务质量和效率；挑战在于如何从这些海量的数据中获取有价值的信息，需要文化馆在服务和管理上进行创新。第二，大数据技术的发展使得文化馆可以更加精准地了解观众的需求。在传统的文化馆服务中，由于信息匮乏和手段有限，文化馆往往只能根据自身的理解和经验来提供文化产品和服务。这种方式往往效率低下，难以满足观众的个性化需求。但是，在大数据时代，这种情况得到了根本的改变。通过大数据技术，文化馆可以收集到大量的观众信息，包括观众的年龄、性别、兴趣爱好、访问等。通过对这些数据的分析，文化馆可以准确把握观众的需求，提供更加精准、个性化的文化产品和服务。例如，通过分析观众的访问记录，文化馆可以了解到观众对不同类型文化的偏好，从而在举办展览、演出等活动时，更加注重观众的个性化需求。第三，大数据技术帮助文化馆更加有效地管理和分配资源。在传统的文化馆管理中，由于信息的不足和手段的落后，文化馆在资源的管理和分配上往往存在效率低下、资源浪费等问题。但是，在大数据时代，这些问题也得到了有效的解决。通过大数据技术，文化馆可以实时掌握各类资源的使用情况，包括场地、设备、人员等。通过对这些数据的分析，文化馆可以合理调配资源，提高资源的使用效率。例如，通过分析场地的使用情况，文化馆可以了解到哪些时间段场地的使用率较高，哪些时间段场地的使用率较低，从而在资源分配上更加合理。第四，大数据技术的发展还可以帮助文化馆进行风险预测和防范。在传统的文化馆运营中，由于信息不足和手段落后，文化馆在面临风险时往往难以做出准确的判断和应对。但是，在大数据时代，这种情况得到了有效的改善。通过大数据技术，文化馆可以收集到各类风险信息，包括市场风险、安全风险、政策风险等。通过对这些数据的分析，文化馆可以提前预测可能出现的风险，并采取相应的措施进行防范。例如，通过分析市场数据，文化馆了解到哪些文化产品或服务存在市场风险，从而提前调整策略，避免可能的损失。

（二）大数据对文化馆服务和管理的积极影响总结

在当今这个信息化、数字化飞速发展的时代，大数据作为一种强有力的工具，正逐渐改变着文化馆的服务和管理模式，带来了前所未有的积极影响。可以从以下几个方面来总结大数据对文化馆服务和管理的积极影响。首先，大数据技术可以提升文化馆的服务效率和服务质量。以往，文化馆在策划和实施文化活动时，往往凭借的是经验和直觉，这种方式难免会出现偏差和不足。而大数据技术的引入，使得文化馆可以基于大量的数据分析和挖掘，更加精准地把握观众的需求和喜好。通过对观众行为、喜好、消费习惯等数据的深入分析，文化馆可以更好地了解观众的需求，提供更加符合观众口味和文化品位的文化产品和服务。这不仅有助于提高观众的满意度，还能有效提升文化活动的品质和影响力。大数据技术还可以帮助文化馆更有效地管理和分配资源，减少浪费和低效的情况，从而提高服务质量和效率。通过数据分析和预测，文化馆可以更加科学地安排活动场地、设备和人员等资源，避免资源的闲置和浪费。同时，大数据技术还可以为文化馆提供实时数据支持，使得文化馆能够快速响应市场和观众的变化，灵活调整服务内容和方式，从而提高服务的针对性和实效性。其次，大数据技术可以提高文化馆的信息化水平。在大数据时代，信息技术已经成为文化馆的重要组成部分。通过应用大数据技术，可以提高文化馆的信息化水平，为观众提供更加便捷和高效的文化服务。例如，通过建设线上线下相结合的文化服务平台，观众可以随时随地获取文化信息，参与、享受更加个性化和便捷的文化服务。同时，大数据技术还可以促进文化馆与观众之间的互动和交流，提高文化服务的个性化和精准性。通过收集和分析观众数据，文化馆可以更加精准地把握观众的需求和喜好，为观众提供更加个性化的文化服务。此外，大数据技术还可以帮助文化馆发现潜在的观众群体，通过精准的营销和推广，吸引更多观众参与文化活动，提升文化馆的影响力和知名度。大数据技术对文化馆服务的积极影响还体现在提升文化馆的管理水平上。通过大数据分析，文化馆可以更加科学地进行决策，提高管理的效率和质量。例如，通过对活动参与度、观众满意度等数据的分析，文化馆可以及时发现和解决问题，改进文化活动策划和实施的效果。同时，大数据技术还可以为文化馆提供人才选拔、培训和考核等方面的数据支持，帮助文化馆提升管理水平，提高工作效率。在文化馆的对外合作方面，大数据技术也发挥着重要作用。通过大数据分析，文化馆可以更加精准地把握市场需求和合作伙伴的需求，寻找合适的合作机会，提升文化馆的竞争力。同时，大数据技术还可以帮助文化馆评估和优化合作效果，确保合作的顺利进行和持续发展。大数据技术对文化馆的可持续发展具有重要意义。通过大数据分析，文化馆可以更加科学地进行资源配置，推动文化事业的均衡发展。同时，大数据技术还可以帮助文化馆发现和培养文化人才，传承和弘扬优秀传统文化，推动文化创新和发展。

在此基础上，大数据技术还可以助力文化馆打造品牌，提升文化软实力，为文化馆的可持续发展奠定坚实基础。

（三）大数据时代对文化馆服务和管理的挑战总结

在当今这个信息化、数字化快速发展的时代，大数据作为一种全新的资源类型，已经渗透到社会各个领域，文化馆的运营管理与服务亦然。大数据以其海量的数据资源、快速的处理能力、精准的分析预测，在文化馆服务与管理中发挥了举足轻重的作用。然而，在享受大数据带来的便利与高效的同时，也应清醒地看到大数据时代文化馆服务与管理所面临的种种挑战。第一，数据安全和隐私保护是大数据时代的重要问题。大数据时代文化馆在服务与管理过程中收集和处理的数据涉及个人隐私、机构秘密等，这些数据的安全和隐私保护成为重要问题。由于数据来源广泛，不仅包括文化馆内部的数据，还包括来自互联网、移动终端等外部数据，数据的保护和隐私的保护问题尤为突出。一旦发生数据泄露或侵犯隐私，不仅会对个人造成伤害，也会对文化馆的声誉和信誉造成严重影响。第二，人才短缺也是大数据时代面临的重要问题。大数据技术的应用需要专业的技能和知识，需要既懂文化又懂大数据技术的复合型人才。然而，当前的人才市场上还缺乏这样的人才。在文化馆的服务与管理中，需要对传统文化进行深入研究和理解，同时也要掌握大数据技术，能够对海量数据进行处理和分析，为文化馆的服务与管理提供支持。因此，人才培养成为大数据时代文化馆服务与管理的重要挑战。第三，如何有效地利用和管理大数据也是一大挑战。在大数据时代，文化馆面临数据来源广泛和复杂的问题，如何有效地管理和利用这些数据成为一个重要的挑战。需要建立和完善数据管理体系，提高数据的管理效率和质量。同时，还需要建立和完善数据分析模型，提高数据分析的准确性和预测能力，为文化馆的服务与管理提供有力支持。面对这些挑战，需要加强对大数据技术的研发和应用，提高文化馆的信息化水平和服务质量。需要建立和完善数据安全和隐私保护机制，提高数据的安全性和可靠性。需要加强对现有员工的培训和指导，提高他们的专业技能和素养。同时，也需要引进更多的专业人才，为文化馆的发展提供有力的支持。

二、对未来文化馆服务与管理的建议和展望

（一）进一步加强大数据在文化馆服务和管理中的应用

随着信息技术的飞速发展和社会的不断进步，大数据已经成为推动各行各业创新和提升效率的重要工具。在文化馆服务和管理领域，大数据的应用也显得尤为重要。为了进一步提升文化馆的服务水平和管理效

率，需要进一步加强大数据在文化馆服务和管理中的应用。一是要建立起全面而准确的文化馆数据库。这个数据库不仅需要包含各种基础数据，如馆内藏品的信息、访客的统计数据、馆内设施的使用情况等，还需要对这些数据进行实时更新。同时，还需要对这些数据进行有效的整理和归纳，以便后续的数据分析和应用。这样，数据库将提供丰富的数据资源，为文化馆的决策提供有力的支持。二是要利用大数据进行文化馆服务和管理的优化。通过对数据库中的数据进行深入分析，可以得到许多有价值的信息，如馆内的热点展览、访客的偏好和行为习惯等。这些信息可以帮助文化馆更好地规划展览和活动，并根据访客的需求提供个性化的服务。通过大数据的分析，可以了解访客的喜好，预测他们的需求，从而提供更符合他们期待的服务，进一步提升文化馆的吸引力和竞争力。三是利用大数据进行风险预测和防范。通过对历史数据的分析，可以发现一些潜在的风险因素，如展览内容的质量、宣传方式的适宜性等。基于这些信息，可以提前采取相应的措施进行预防，避免在展览过程中出现意外情况，从而节约资源，提高工作效率。在运用大数据的过程中，还需要注意数据的安全和隐私保护。随着大数据的运用，许多个人和敏感信息都将被记录和分析。因此，必须采取有效的技术手段和管理措施，确保这些信息不被滥用和泄露。这不仅涉及数据平台的建设过程，还需要在数据使用、存储、传输等各个环节加强管理，确保数据的安全性和隐私性。在未来的工作中，需要加强对大数据技术的研发和应用，不断探索新的数据分析和应用方法，以提高文化馆的服务和管理水平。同时，也需要加强与相关部门的合作，共同推动大数据在文化馆服务和管理中的应用，为文化事业的繁荣发展做出更大的贡献。

（二）对未来文化馆服务和管理发展的建议和预期

第一，加强文化馆与其他行业的合作和交流是至关重要的。随着社会的发展，各个行业之间的边界越来越模糊，文化馆不再是一个单独的存在，而是需要与其他行业进行协同和融合。这不仅可以为文化馆带来更多的资源，而且可以为观众提供更丰富、更多元的文化体验。例如，文化馆可以与教育机构合作，共同进行文化研究和文化传承，将文化教育融入日常教学活动中；可以与旅游行业合作，打造文化旅游产品，吸引更多的游客前来参观；还可以与科技公司合作，借助先进的技术手段提升馆内展示和服务的品质。通过这些合作，文化馆可以扩大其影响力，提高其社会地位，并吸引更多的资源投入。

第二，要注重人才培养和团队建设。人才是文化馆发展的关键，他们需要具备丰富的专业知识、良好的团队协作能力和创新思维。因此，加强人才选拔和培养机制，建立起多层次、多领域的人才队伍是至关重要的。

同时，要增强团队的合作意识和协作能力，以实现工作效率和创新的提高。此外，为了适应数字化和智能化的趋势，还需要加强对人工智能、大数据等先进技术的培训和应用，以提高管理效率和服务质量。

第三，加强文化馆的数字化建设是未来的重要方向。随着信息技术的快速发展，数字化已经成为一种不可逆转的趋势。数字化建设可以提高工作效率和管理水平，为观众提供更便捷、更丰富的文化体验。例如，建立数字档案系统可以实现文化馆藏品的数字化管理，提高管理效率；建设虚拟展览平台可以实现远程展览和互动体验，扩大文化馆的影响力；利用社交媒体和移动应用来进行宣传和互动，可以扩大文化馆的传播范围。

第四，要关注观众的参与感和体验感。文化馆的存在是为了服务观众，因此观众的参与感和体验感是衡量文化馆服务和管理水平的重要标准。我们需要积极倾听观众的意见和建议，不断改善展览质量和服务水平，提高观众的满意度。我们可以通过多种方式鼓励观众的参与和互动，例如组织参与性展览、提供线上互动体验、举办文化沙龙等。这些活动不仅可以增加观众的参与感和忠诚度，还可以提升文化馆的知名度和美誉度。

（三）大数据时代文化馆服务和管理的发展前景和重要性

在当今这个信息爆炸、数据量为王的时代，大数据以其特有的魔力，改写着各行各业的运作规则，为文化馆服务和管理带来了前所未有的发展机遇。我们可以预见，在大数据时代的浪潮下，文化馆服务和管理将迈向一个更加智能化、精准化、高效化的新纪元。从文化馆自身发展的角度来看，运用大数据技术进行服务和管理是顺应时代潮流的必然选择。以往，文化馆在策划展览和活动时，往往依赖于有限的经验和主观判断，但这种方法往往难以满足不同观众的需求。而在大数据时代，通过收集和分析大量的观众数据，文化馆可以了解观众的实际需求和行为习惯，从而实现针对性的内容规划和活动设计。例如，通过对观众参观时间的分布、互动行为的记录等数据的分析，可以发现观众的兴趣点和偏好，以此为基础来设计和调整展览主题和内容，使之更贴近观众的心声。这样，文化馆所提供的服务不再是千篇一律，而是因人而异，更加个性化、精准化，从而有效提升观众的满意度和口碑，吸引更多的观众前来参观。

从运营效率和管理水平的角度来看，大数据的应用使文化馆的管理更加科学化、系统化。在过去，文化馆的运营管理往往依赖于员工的经验和感觉，这种管理方式难免存在一定的局限性。而大数据则可以为文化馆提供一个全面、客观的运营状况画像。通过对馆内设施的使用情况、资源消耗情况以及员工工作情况的数据分析，发现运营过程中的痛点和短板，从而有针对性地进行优化和改进。例如，通过分析馆内各个区域的客流情况，可以调整展览布局，使之更加合理；通过分析资源消耗数据，可以实现精细化管理，提高资源利用效率；通过分析员工工作数据，可以优化人员配置和工作流程，提升工作效率。这些举措都将有助于提高文化馆的整体管理水平，降低运营成本，提升服务质量。

从决策层面的角度来看，大数据的分析预测功能将使文化馆在面临决策时更加有的放矢，降低盲目性和风险。在过去，文化馆在决策时往往依赖于有限的信息和主观判断，这种决策方式容易导致决策失误和资源浪费。而在大数据时代，通过对大量历史数据的挖掘和分析，文化馆可以预测未来发展趋势和潜在风险，为决策提供有力支持。例如，在策划一个新的展览时，可以通过分析历史展览数据，预测该展览的受欢迎程度，从而做出是否继续展出的决策；在面对观众反馈时，可以分析其中的意见和建议，找出展览的不足之处，为今后展览的改进提供依据。这种基于数据的决策将使文化馆的决策过程更加科学、准确，提高决策效果。

当然，在面对大数据所带来的机遇和挑战时，文化馆需要在多个方面下功夫来确保满足新时代的需求。文化馆应当加强数据采集和分析的能力，以确保数据的准确性和完整性。这可以通过引入先进的数据采集技术和分析工具来实现。例如，可以使用传感器和物联网设备来实时监测文化馆内的环境和观众数量，进而提供精确的数据支持。文化馆还需要加强对数据的安全保护，以防止数据泄露和滥用。

随着大数据时代的到来，数据的价值越来越高，相应的风险也越来越大。为了保护数据免受黑客攻击和非法访问，文化馆应当建立起完善的数据安全体系，包括严格的数据访问权限控制和加密技术的应用。此外，定期的安全演练和紧急响应机制也是必不可少的。文化馆还应当致力于培养专业人才，提升整个团队的大数据应用能力和水平。在大数据时代，仅靠技术手段是远远不够的，还需要有一支精通数据分析和应用的专业团队。因此，文化馆应当加强对职员的培训和教育，提供相关课程和培训，培养他们的大数据意识和应用能力。此外，文化馆还可以与高校和研究机构合作，开展联合培养项目，吸引更多的专业人才加入文化馆的大数据团队中。只有在这些方面下功夫，文化馆才能在大数据时代浪潮中乘风破浪，实现服务和管理水平的质的飞跃。通过提高数据采集和分析的能力，文化馆可以更好地把握观众的需求和喜好，提供更具针对性的服务。通过加强数据安全保护，文化馆可以确保观众的个人信息和隐私得到有效的保护，增强观众对文化馆的信任度和满意度。通过培养专业人才，文化馆可以更好地利用大数据来推动文化产业的创新和发展，提升文化馆在市场竞争中的竞争力。

在大数据时代，文化馆将迎来更多的机遇和挑战。只有通过提高数据采集和分析能力、加强数据安全保护、培养专业人才等方式来应对，文化馆才能在新的时代背景下实现持续发展。因此，文化馆应当积极主动地面对这些机遇和挑战，并采取有效的措施来应对。只有这样，文化馆才能在大数据时代中实现可持续发展。

参考文献

［1］丛珊.文化馆在群众文化建设中的作用分析［J］.参花，2024（05）：140-142.

［2］尹倩.公共文化服务视野下的文化馆发展思考［J］.参花，2024（05）：143-145.

［3］王雪梦.文化馆的数字化转型与创新实践研究［J］.参花，2024（05）：146-148.

［4］庞娟.浅谈数字文化馆的建设路径［J］.参花，2024（01）：158-160.

［5］陈现春.文化馆公共文化服务大数据应用探索与创新［J］.文化月刊，2023（10）：120-122.

［6］沈与.新媒体时代文化馆公共文化服务传播方式创新路径探析［J］.新闻研究导刊，2023，14（15）：218-220.

［7］赵静.新媒体时代的数字文化馆建设思考［J］.中国报业，2023（10）：136-137.

［8］解欣.大数据时代的公共文化服务数字化建设［J］.文化月刊，2023（05）：169-171.

［9］庄建萍.关于文化馆数字资源建设的思考［J］.中国民族博览，2023（08）：75-77.

［10］杨菁.新媒体时代背景下数字文化馆建设的思考［J］.文艺生活（艺术中国），2023（04）：141-144.

［11］顾星群.浅析"互联网＋"助力智慧文化馆建设［J］.文化月刊，2023（02）：91-93.

［12］徐凌波.文化馆服务大数据应用探索与实践［A］//文化馆（站）全民艺术普及新阶段新理念新格局——2021中国文化馆年会征文作品集［C］.河北省唐山市群众艺术馆，2023：5.

［13］许晴.新媒体时代背景下数字文化馆建设的思考［J］.大众文艺，2023（02）：6-8.

［14］李庆锋.新形势下文化馆群众文化工作的创新发展［J］.新楚

文化，2022（09）：93-96.

[15] 白雪华.推动文化馆行业全面融入国家文化数字化战略 [J].中国文化馆，2022（01）：1-3.

[16] 王申佳，张天雄，李亚灿，等.文化馆数字化服务体验及优化 [J].中国文化馆，2022（01）：89-97.

[17] 刘新华.文化馆数字化建设的现状及思考 [J].文化产业，2022（26）：124-126.

[18] 樊俊华.新时代数字文化馆的建设与思考 [A] // 中国国际科技促进会国际院士联合体工作委员会.文化艺术创新国际学术论坛论文集 [C].西藏自治区群众艺术馆，2022：3.

[19] 梁婧.文化馆数字服务平台与智慧空间建设研究 [J].湖南邮电职业技术学院学报，2022，21（02）：50-52.

[20] 尹延明.互联网时代数字文化馆的建设现状及发展趋势探析 [J].时代报告（奔流），2022（05）：89-91.

[21] 张莹.数字化背景下提升文化馆公共文化服务效能的几点思考 [J].中国民族博览，2022（08）：96-99.

[22] 杨思柳.互联网时代数字化文化馆发展趋势与改革研究 [J].文化创新比较研究，2022，6（05）：104-107.

［23］陈宇华.大数据时代文化馆数字化建设的思考［J］.艺术家，2022（01）：99-101.

［24］崔黎菲.大数据背景下数字化文化馆建设［A］//新理念新机制新举措推动文化馆行业高质量发展——2020中国文化馆年会征文作品集［C］.河北省张家口市张北县文化馆，2021：4.

［25］张金亮.互联网思维助力文化馆数字化建设与服务［J］.大众文艺，2021（01）：1-2.